光村図書版
漢字6年

【イラスト】植木美江

基本のワーク

視点や作品の構成に着目して読み、印象に残ったことを伝え合おう

帰り道

教科書 25〜40ページ

勉強した日　月　日

◆「読み方」の赤い字は教科書で使われている読みです。

帰り道

25ページ

視（みる）
視　あける・はねる・とめる

読み方
シ
—

使い方
視点（してん）・視界（しかい）

11画

部首に注意。
「視」は、「よく見る・みなす」という意味を表すよ。だから、「視」の部首は「ネ」（しめすへん）ではなく、「見」（みる）だよ。

注意！

27ページ

砂（いしへん）
砂　小さく・はねる・とめる・長くはらう

読み方
サ・（シャ）
すな

使い方
砂金（さきん）・砂鉄（さてつ）
砂ぼこり・砂場（すなば）

9画

27ページ

腹（にくづき）
腹　はらう・はねる

読み方
フク
はら

使い方
腹部（ふくぶ）・中腹（ちゅうふく）
腹（はら）が減る

13画

「腹」を使った慣用句。
腹が立つ…いかりを感じる。
腹を決める…何かをしようと心に決める。
腹を割る…かくさずに本心を打ち明ける。

28ページ

段（るまた・ほこづくり）
段　はねる・つき出す・はらう

読み方
ダン
—

使い方
階段（かいだん）・段落（だんらく）

9画

29ページ

並 いち

8画

読み方
(ヘイ)
なみ・ならべる
ならぶ・ならびに

使い方
並木・並の品
かたを並べる・列に並ぶ

30ページ

降 こざとへん

10画

読み方
コウ
おりる・おろす
ふる

使い方
降雨・以降
車を降りる・雨が降る

30ページ

認 ごんべん

14画

読み方
(ニン)
みとめる

使い方
実力を認める

「認」を使った言葉。
認め印…日常生活で使う判子のこと。重要な書類などにおす正式な判子は「実印」というよ。いっしょに覚えておこう。

覚えよう!

30ページ

洗 さんずい

9画

読み方
セン
あらう

使い方
水洗・洗面所
洗い流す

「洗」を使った言葉。
洗顔・洗面…どちらも顔をあらうこと。
洗練…人がらや文章などをみがいて、上品ですぐれたものにすること。

30ページ

異 た

11画

読み方
イ
こと

使い方
異物・異議
異なる意見

反対の意味の言葉。
異常 ↔ 正常
異性 ↔ 同性

ものしりメモ
「降りる」は、「バスから降りる」というように、乗り物や地位からおりるときに使うよ。
「下りる」は、「山から下りる」というように、上から下へ移るときに使うよ。

純

30ページ

純　いとへん

読み方　ジュン　―

使い方　単純（たんじゅん）・純真（じゅんしん）

10画

射

32ページ

射　すん

読み方　シャ　い**る**

使い方　反射（はんしゃ）・発射（はっしゃ）・射（しゃ）げき　的を射（い）る

10画

「射」を使った慣用句。

的を射る…うまく要点をとらえる。

例　的を射た意見。

覚えよう!

背

32ページ

背　にくづき

読み方　ハイ　せ・せい　（そむ**く**）（そむ**ける**）

使い方　背景（はいけい）・背後（はいご）　背中（せなか）・背負（せお）う・背比（せいくら）べ

9画

捨

33ページ

捨　てへん

読み方　シャ　す**てる**

使い方　取捨（しゅしゃ）・四捨五入（ししゃごにゅう）　考えを捨（す）てる

11画

舌

35ページ

舌　した

読み方　（ゼツ）　した

使い方　舌（した）を出す・舌（した）つづみ

6画

「舌」を使った言葉。

舌つづみ…おいしいものを食べて、思わず舌を鳴らすこと。「つづみ」は日本に昔からある打楽器で、つづみを打つように舌を鳴らすことから、こういうんだ。

覚えよう!

乱

36ページ

乱　おつ

読み方　ラン　みだ**れる**・みだ**す**

使い方　乱打（らんだ）・散乱（さんらん）　さき乱（みだ）れる・列を乱（みだ）す

7画

ものしりメモ　「背」の訓読みには、「せ」と「せい」があるよ。「背比べ」などのときは、「せい」と読むから気をつけよう。

視点や作品の構成に着目して読み、印象に残ったことを伝え合おう

練習のワーク

帰り道

教科書 25〜40ページ　答え 1ページ

勉強した日　月　日

1 新しい漢字を読みましょう。

25ページ

1. 視点（　）がちがう。
2. 砂（　）ぼこりが舞（ま）う。
3. 腹（　）が減る。
4. 階段（　）を上る。
5. かたを並（　）べる。
6. 雨が降（　）ってくる。
7. 真実だと認（　）める。

8. 何かを洗（　）い流す。
9. 異物（　）が消える。
10. 単純（　）に考える。
11. 西日の反射（　）が光る。
12. 背中（　）をおされる。
13. あまい考えを捨（　）てる。
14. 舌（　）が止まる。

15. 球を乱打（　）する。
16. ✿（ここから はってん）砂鉄（　）を引きつける。
17. ✿山の中腹（　）まで来る。
18. ✿並（　）の品ではない。
19. ✿四月以降（　）の出来事。
20. ✿バスを降（　）りる。
21. ✿洗面所（　）を使う。

✿の漢字は新出漢字の別の読み方です。

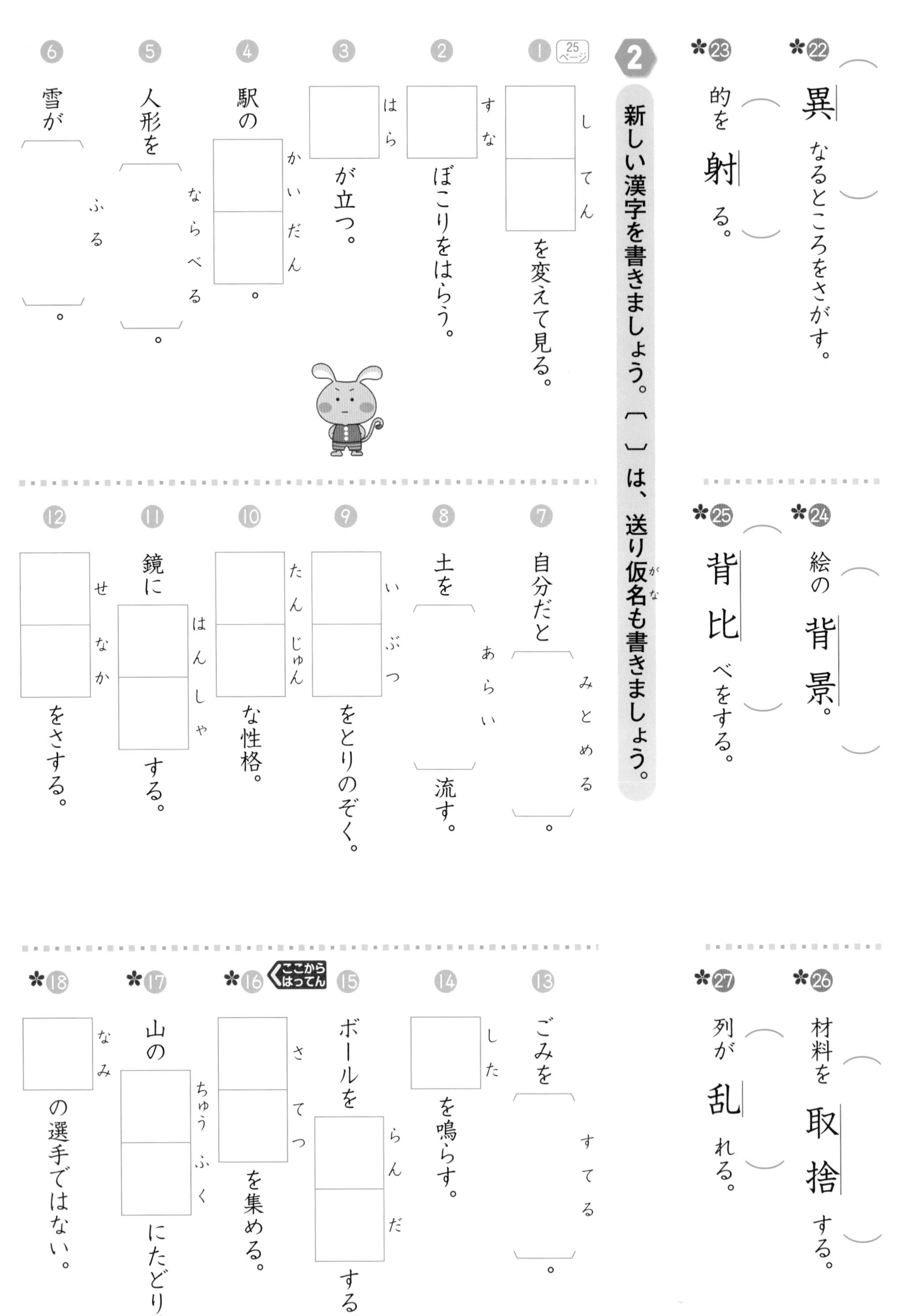

＊22 異（　　）なるところをさがす。

＊23 的を射（　　）る。

＊24 絵の背景（　　）。

＊25 背比（　　）べをする。

＊26 材料を取捨（　　）する。

＊27 列が乱（　　）れる。

2 新しい漢字を書きましょう。〔　〕は、送り仮名（がな）も書きましょう。

1 25ページ □□（してん）を変えて見る。

2 □（すな）ぼこりをはらう。

3 □（はら）が立つ。

4 駅の□□（かいだん）。

5 人形を〔　　〕（ならべる）。

6 雪が〔　　〕（ふる）。

7 自分だと〔　　〕（みとめる）。

8 土を〔　　〕（あらい）流す。

9 □□（いぶつ）をとりのぞく。

10 □□（たんじゅん）な性格。

11 鏡に□□（はんしゃ）する。

12 □□（せなか）をさする。

13 ごみを〔　　〕（すてる）。

14 □（した）を鳴らす。

15 ボールを□□（らんだ）する。

ここからはってん

＊16 □□（さてつ）を集める。

＊17 山の□□（ちゅうふく）にたどり着く。

＊18 □（なみ）の選手ではない。

✲⑲ 九時（いこう）に電話する。

✲⑳ 車を（お）りる。

✲㉑ 広い（せんめんじょ）。

✲㉒ 考えが（こと）なる。

✲㉓ 矢を（い）る。

✲㉔ 物語の（はいけい）を知る。

✲㉕ 情報を（しゅしゃ）する。

3 漢字で書きましょう。（〜〜は、送り仮名も書きましょう。太字は、この回で習った漢字を使った言葉です。）

1 ものごとをべつの**してん**からみる。

2 **すな**ぼこりがめにはいる。

3 しつれいなたいどに**はら**がたつ。

4 おくじょうへとつづく**かいだん**。

5 ほんをじゅんばんに**ならべる**。

6 おんがくしつのかつようを**みとめる**。

7 **たんじゅん**なけいさんもんだい。

8 すいめんがひかりを**はんしゃ**する。

9 みごとなえんぎに**した**をまく。

基本のワーク

公共図書館を活用しよう

教科書 41〜43ページ

勉強した日　月　日

◆「読み方」の赤い字は教科書で使われている読みです。●はまちがえやすい漢字です。

41ページ

域（つちへん）

わすれない　はねる

読み方：イキ

使い方：地域（ちいき）・流域（りゅういき）

11画

漢字の形に注意。

域　八画目をわすれないように。

注意！

42ページ

誌（ごんべん）

あける　上を長く　はねる

読み方：シ

使い方：雑誌（ざっし）・週刊誌（しゅうかんし）

14画

42ページ

映（ひへん）

つき出す　はらう

読み方：エイ　うつる・うつす　（はえる）

使い方：映像（えいぞう）・映画（えいが）　目に映（うつ）る・鏡に映（うつ）す

9画

漢字のでき方。

誌　志…「とどめておく」ことを表す。言…「言葉」を表す。

言葉をとどめておくことから、「書きとどめる・書きとどめたもの」という意味を表すよ。

でき方

同じ読み方の漢字。

映（うつ）る…光やかげ、映像がうつる。例 池にすがたが映る。テレビに映る。

写（うつ）る…写真にうつる。すけて見える。例 写真の中央に写る。

注意！

筆順　1　2　3　4　5　まちがえやすいところ…★

42ページ

拡 てへん

読み方
カク
―

使い方
拡大（かくだい）・拡張（かくちょう）

8画

漢字の意味

「拡」は、「広げる・広がる」という意味を表すよ。
例 拡張…はん囲や勢力などを広げて大きくすること。
拡大…広げて大きくすること。
拡散…広がり、散らばること。

42ページ

展 しかばね かばね

読み方
テン
―

使い方
展示（てんじ）・展開（てんかい）・発展（はってん）

10画

注意！

漢字の形に注意。

展「𧘇」の部分に「ノ」をつけて、「衣」と書かないようにしよう。

43ページ

蔵 くさかんむり

読み方
ゾウ
（くら）

使い方
所蔵（しょぞう）・蔵書（ぞうしょ）・冷蔵庫（れいぞうこ）

15画

漢字の意味

「蔵」には、「しまっておく」という意味の他に、「くら・物をしまっておく場所」という意味があるよ。似た意味の漢字に「倉」があるよ。

43ページ

訪 ごんべん

読み方
ホウ
（おとずれる）
たずねる

使い方
訪問（ほうもん）・来訪（らいほう）
母校を訪ねる（たず）

11画

漢字のでき方。

訪
方…「四方」を表す。
言…「言葉」を表す。
あちこちを言葉でたずね回ることから、「人をたずねる・おとずれる」という意味を表すよ。

ものしりメモ

「誌」には、「雑誌」という意味もあるよ。「誌面」は「雑誌の記事がのっている面（ページ）」のこと。新聞の場合には「紙面」と書くので注意しよう。

公共図書館を活用しよう

教科書 41〜43ページ　答え 1ページ

勉強した日　月　日

1 新しい漢字を読みましょう。

(41ページ)
1 地域（　）の図書館を利用する。
2 雑誌（　）を読む。
3 映像（　）資料をさがす。
4 拡大（　）読書器を使う。
5 展示（　）パネルを見る。
6 所蔵（　）されている本。
7 博物館を訪問（　）する。
✿8（ここからはってん）鏡に顔を映（　）す。
✿9 祖父を訪（　）ねる。

2 新しい漢字を書きましょう。

(41ページ)
1 □□（ちいき）のお祭りに行く。
2 新しい□□（ざっし）を買う。
3 □□（えいぞう）を編集する。
4 文字を□□（かくだい）する。
5 絵を□□（てんじ）する。
6 美術品を□□（しょぞう）する。
7 資料館を□□（ほうもん）する。
✿8（ここからはってん）テレビに□（うつ）す。
✿9 親せきの家を□（たず）ねる。

✿の漢字は新出漢字の別の読み方です。

基本のワーク

漢字の形と音・意味
漢字の広場①

教科書 44〜52ページ

勉強した日　月　日

◆「読み方」の赤い字は教科書で使われている読みです。はまちがえやすい漢字です。

漢字の形と音・意味

44ページ

我　ほこづくり　ほこがまえ

わすれない　はねる

7画

読み方：（ガ）　われ・（わ）

使い方：我々（われわれ）・我（われ）に返る

「我」を使った慣用句。
我をわすれる…心をうばわれてぼんやりする。夢中になる。
我に返る……ぼんやりしていたのが、正気を取りもどす。

覚えよう！

44ページ

承　て

三本　はらう　はねる

8画

読み方：ショウ（うけたまわる）

使い方：伝承（でんしょう）・承知（しょうち）

44ページ

蒸　くさかんむり

はねる　点の向き

13画

読み方：ジョウ（むす）（むれる）（むらす）

使い方：蒸気（じょうき）・蒸発（じょうはつ）

漢字の形に注意。
蒸　九画目の横棒（ぼう）をわすれないようにしよう。
「蒸発」は「液体が気体になる現象」という意味だよ。

注意！

44ページ

処　つくえ

はねる　はらう

5画

読み方：ショ　——

使い方：対処（たいしょ）・処分（しょぶん）・処理（しょり）

筆順 1 2 3 4 5　まちがえやすいところ…★

44ページ

就　だいのまげあし

12画

読み方
シュウ・（ジュ）
（つく）（つける）

使い方
就職（しゅうしょく）・就任（しゅうにん）

覚えよう！

「尢」の付く漢字。
「就」の部首は、「尢」（だいのまげあし）。小学校で習う漢字の中で、「尢」の付く漢字は、この字だけだよ。

44ページ

臨　しん

18画

読み方
リン
（のぞむ）

使い方
臨海（りんかい）・臨時（りんじ）・臨機応変（りんきおうへん）

45ページ

従　ぎょうにんべん

はらう

10画

読み方
ジュウ
（ショウ）（ジュ）
したがう・したがえる

使い方
従順（じゅうじゅん）・従業員（じゅうぎょういん）
規則に従う（したがう）

45ページ

恩　こころ

はねる

10画

読み方
オン
―

使い方
恩人（おんじん）・恩返し（おんがえし）

45ページ

裁　ころも

12画

読み方
サイ
（たつ）・さばく

使い方
裁判官（さいばんかん）・決裁（けっさい）
人を裁く（さばく）

45ページ

律　ぎょうにんべん

つき出す
長く

9画

読み方
リツ・（リチ）
―

使い方
法律（ほうりつ）・一律（いちりつ）・規律（きりつ）

漢字の意味

漢字の意味。
「律」には、いろいろな意味があるよ。
①決まり。定め。　例 一律・規律・法律
②音楽の調子。　例 音律・調律・せん律

ものしりメモ
「恩」を使った慣用句に、「恩に着る」があるよ。「人にしてもらったことを、ありがたいと思う」という意味だよ。

45ページ

脳 にくづき

読み方 ノウ

11画

使い方 脳(のう)を使う・首脳(しゅのう)・頭脳(ずのう)

注意！
同じ読み方の漢字。
脳(のう)…のうみそ。頭のはたらき。中心となる人物。
例 首脳・頭脳・大脳
能(のう)…できる。物事を成しとげる力。ききめ。
例 能力・可能・効能

45ページ

臓 にくづき

読み方 ゾウ

19画

使い方 心臓(しんぞう)・臓器(ぞうき)・内臓(ないぞう)

漢字の意味
漢字の意味。
「臓」は、体の中におさめられた部分、「はらわた」という意味。体の器官の名前に使われるよ。
例 肝臓(かんぞう)・心臓

読み方が新しい漢字

44ページ

細 サイ
細心(さいしん)

45ページ

腸 にくづき

読み方 チョウ

13画

使い方 腸(ちょう)の動き・胃腸(いちょう)・大腸(だいちょう)

45ページ

肺 にくづき

読み方 ハイ

9画

使い方 左右の肺(はい)・肺活量(はいかつりょう)

45ページ

胃 にくづき

読み方 イ

9画

使い方 胃(い)と腸・胃液(いえき)・胃腸(いちょう)

ものしりメモ 「脳」「臓」「腸」「肺」「胃」の部首は、「月・⺝」(にくづき)だね。「月・⺝」(にくづき)は、体に関係のある漢字に付くことが多いよ。

練習のワーク

漢字の形と音・意味
漢字の広場①

教科書 44〜52ページ　答え 1ページ

勉強した日　月　日

1 新しい漢字を読みましょう。

① (44ページ) 我々（　）の要求。
② 文化を伝承（　）する。
③ 蒸気（　）機関車が引っ張る。
④ 細心（　）の注意をはらう。
⑤ 物事に対処（　）する。
⑥ 銀行に就職（　）する。
⑦ 臨海（　）公園に出かける。
⑧ 規則に従（　）う。
⑨ 恩人（　）を招待する。
⑩ 裁判官（　）の仕事。
⑪ 法律（　）にもとづく。
⑫ 脳（　）の写真をとる。
⑬ 心臓（　）の音を聞く。
⑭ 腸（　）のはたらきを調べる。
⑮ 肺（　）がふくらむ。
⑯ 胃（　）がいたむ。

ここから発展

✿⑰ 従業員（　）を集める。
✿⑱ 罪人を裁（　）く。

✿の漢字は新出漢字の別の読み方です。

2 新しい漢字を書きましょう。〔 〕は、送り仮名（がな）も書きましょう。

1 （44ページ） ［われわれ］の意見。
2 技術を［でんしょう］する。
3 ［じょうき］の力で動かす。
4 ［さいしん］に事を運ぶ。
5 ［たいしょ］方法を考える。
6 出版社に［しゅうしょく］する。
7 ［りんかい］学校に参加する。
8 ルールに〔したがう〕。
9 命の［おんじん］に会う。
10 ［さいばんかん］を目ざす。
11 ［ほうりつ］を学ぶ。
12 ［のう］の仕組み。
13 ［しんぞう］が動く。
14 ［ちょう］の検査をする。
15 ［はい］の大きさを調べる。
16 ［い］にやさしい食事。
✿17 ここから発展 ［じゅうぎょういん］をやとう。
✿18 人を［さば］く。

3 漢字で書きましょう。（〰は、送り仮名も書きましょう。太字は、この回で習った漢字を使った言葉です。）

1 **われわれ**のかんがえをしめす。
2 めずらしい**でんしょうげいのう**。
3 やかんからあつい**じょうき**がでる。

4 さいしんのちゅういをはらってすすむ。

5 せいかつのへんかにたいしょする。

6 あねのしゅうしょくをいわう。

7 おんじんにかんしゃする。

8 さいばんかんがはんけつをくだす。

9 あたらしいほうりつがせいていされる。

10 のうとしんぞうのけんさをする。

11 いとちょうのちょうしをととのえる。

12 にんげんのはいのきのう。

4 漢字の広場

五年生で習った漢字を書きましょう。〔　〕は、送り仮名も書きましょう。

1 □（さくら）の花がさく。

2 □□（くかい）に参加する。

3 □□（れきし）のある寺。

4 □□（ぶつぞう）をおがむ。

5 □□（さんみゃく）が連なる。

6 国の重要□□□□（ぶんかざい）。

7 野鳥を□□（ほご）する。

8 道路の□□（ふっきゅう）をすすめる。

9 立ち入り□□（きんし）の場所。

⑩ 店を［かいちく］する。

⑪ 交通［じこ］に気をつける。

⑫ ［げんいん］を明らかにする。

⑬ 現場［けんしょう］を行う。

⑭ 畑を〔たがやす〕。

⑮ ［ひりょう］をまく。

⑯ ［ぼうさい］訓練をする。

⑰ まきが〔もえる〕。

⑱ 新郎（ろう）［しんぷ］の登場。

⑲ 周りを〔かこむ〕。

⑳ トラックが［ていしゃ］する。

㉑ マンションに［にゅうきょ］する。

㉒ ［だんち］に住む。

㉓ 何度も［おうふく］する。

㉔ ［けんざかい］へ近づく。

㉕ 船で［こうかい］する。

㉖ 外国船が日本に［きこう］する。

㉗ ［かこう］で魚をつる。

㉘ ［すいしつ］のきれいな川。

㉙ ［ちょうさ］に協力する。

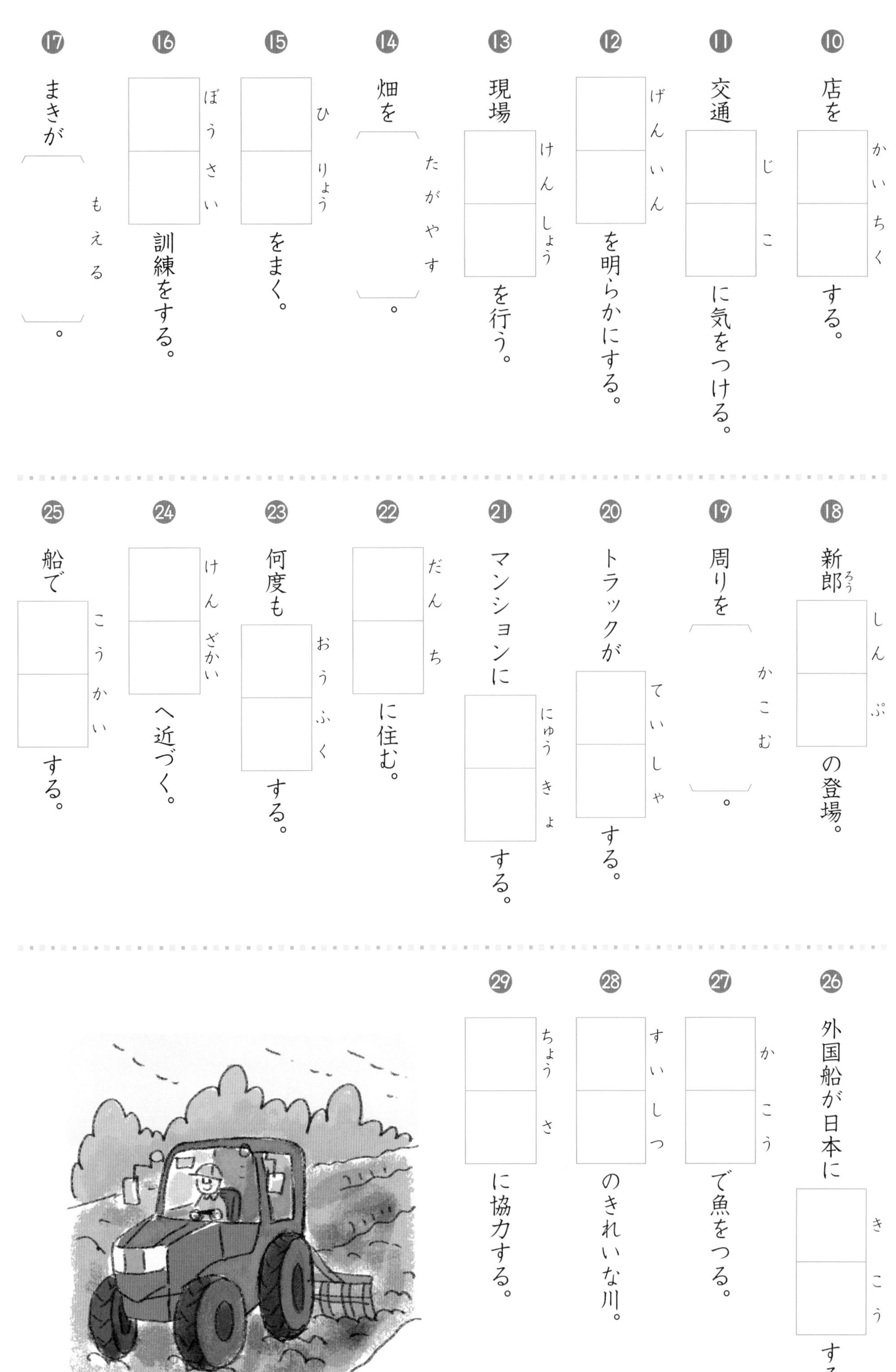

基本のワーク

笑うから楽しい
時計の時間と心の時間

教科書 53〜64ページ

勉強した日　月　日

◆「読み方」の赤い字は教科書で使われている読みです。●はまちがえやすい漢字です。

笑うから楽しい

53ページ

私（のぎへん）　7画

とめる

読み方：シ／わたくし・わたし

使い方：私語（しご）・私服（しふく）・私立（しりつ）／私事（わたくしごと）・あなたと私（わたし）

覚えよう！

反対の意味の漢字。

「私」と反対の意味の漢字は、「公」だよ。

私…自分や個人に関すること。例 私立・私事

公…国や社会全体に関すること。例 公共・公立

54ページ

密（うかんむり）　11画

立てる　はねる

読み方：ミツ／―

使い方：密接（みっせつ）・精密（せいみつ）・秘密（ひみつ）

54ページ

呼（くちへん）　8画

はねる

読み方：コ／よぶ

使い方：呼吸（こきゅう）・点呼（てんこ）／呼（よ）び起こす

55ページ

吸（くちへん）　6画

つける位置　はらう

読み方：キュウ／すう

使い方：呼吸（こきゅう）・吸入（きゅうにゅう）／息を吸（す）いこむ

筆順に注意。

吸

「㇋」は続けて一画で書くよ。

注意！

56ページ

存 こ

読み方
ソン・ゾン
―

使い方
存在（そんざい）・存続（そんぞく）
存分（ぞんぶん）・保存（ほぞん）

58ページ

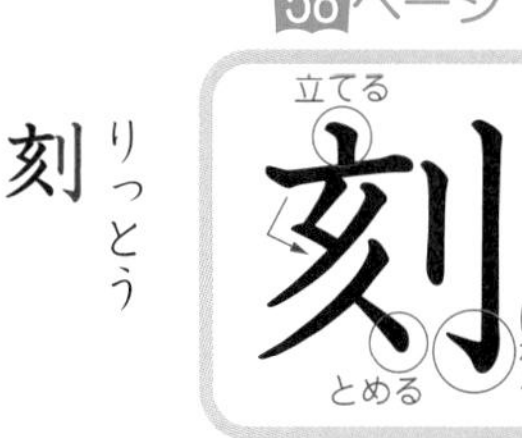

刻 りっとう

読み方
コク
きざむ

使い方
時刻（じこく）・一刻（いっこく）・刻々（こくこく）（こっこく）
石に刻む（きざむ）

漢字の意味。

「刻」には、いろいろな意味があるよ。

①きざむ。例 刻印

②時間。例 夕刻

③ひどい。例 深刻

59ページ

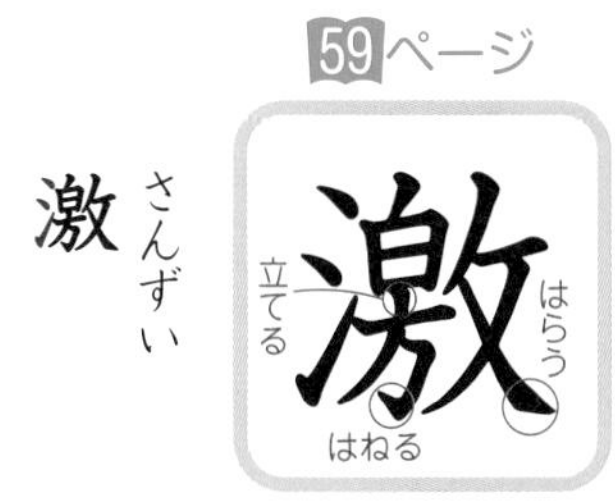

激 さんずい

読み方
ゲキ
はげしい

使い方
刺激（しげき）・激流（げきりゅう）・感激（かんげき）
激しい（はげしい）動き

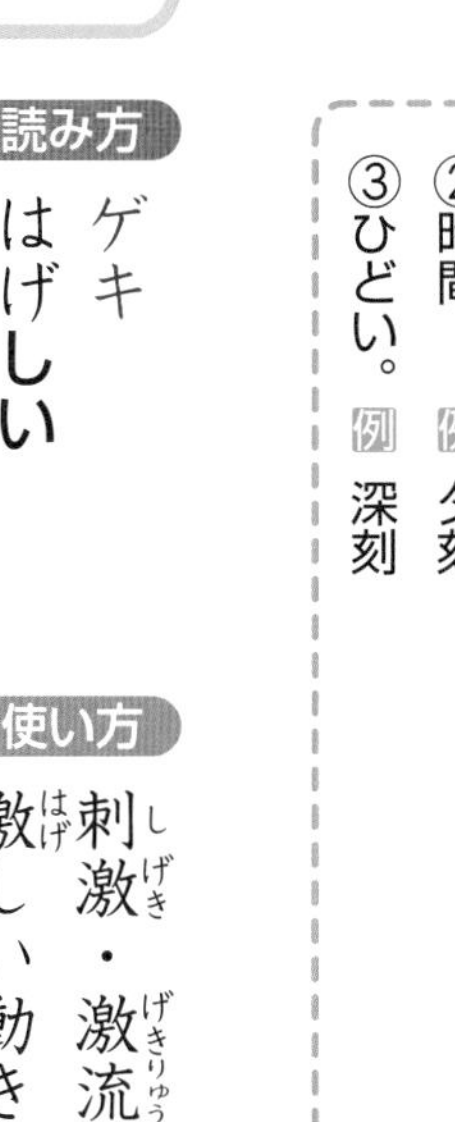

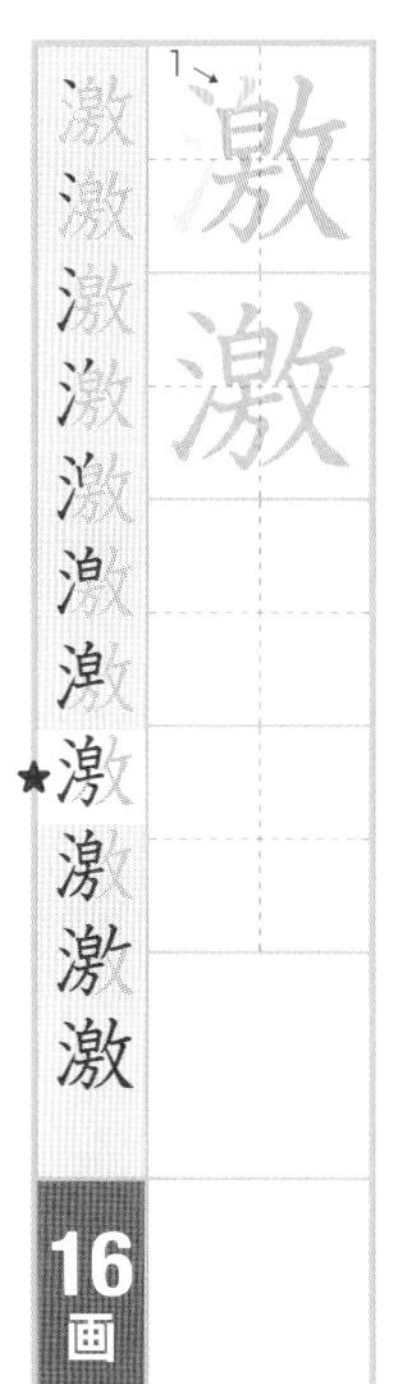

60ページ

箇 たけかんむり

読み方
カン
―

使い方
簡単（かんたん）・簡潔（かんけつ）

18画

60ページ

机 きへん

読み方
（キ）
つくえ

使い方
机（つくえ）に向かう・勉強机（べんきょうづくえ）

6画

61ページ

難 ふるとり

読み方
ナン
（かたい）
むずかしい

使い方
難問（なんもん）・災難（さいなん）
難しい（むずかしい）問題

18画

63ページ

疑 ひき

読み方
ギ
うたがう

使い方
疑問（ぎもん）・質疑（しつぎ）
答えを疑う（うたがう）

14画

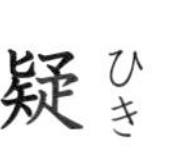

ものしりメモ

「存」には、「ソン」「ゾン」という二つの音読みがあるよ。「ソン」と読む言葉には「存続」「存亡（ぼう）」、「ゾン」と読む言葉には「存分」「生存」などがあるよ。

主張と事例の関係をとらえ、自分の考えを伝え合おう

練習のワーク

笑うから楽しい　時計の時間と心の時間

教科書 53～64ページ　答え 2ページ

勉強した日　月　日

1 新しい漢字を読みましょう。

① （53ページ） 私（　）たちの心の動き。
② 密接（　）に関係している。
③ 脳が心の動きを呼（　）び起こす。
④ 呼吸（　）が変化する。
⑤ （56ページ） 身近な存在（　）。
⑥ 決まった時刻（　）。
⑦ 刺激（し　）が多い。
⑧ 簡単（　）な実験。
⑨ 机（　）をたたく。
⑩ とても難（　）しい。
⑪ 疑問（　）に思う。
✿⑫ ここから発展 私語（　）をつつしむ。
✿⑬ 空気を吸（　）う。
✿⑭ 保存（　）状態が良い。
✿⑮ 時を刻（　）む。
✿⑯ 激（　）しい雨が降る。
✿⑰ 難問（　）を解く。
✿⑱ 本当かどうか疑（　）う。

2 新しい漢字を書きましょう。〔　〕は、送り仮名（がな）も書きましょう。

✿の漢字は新出漢字の別の読み方です。

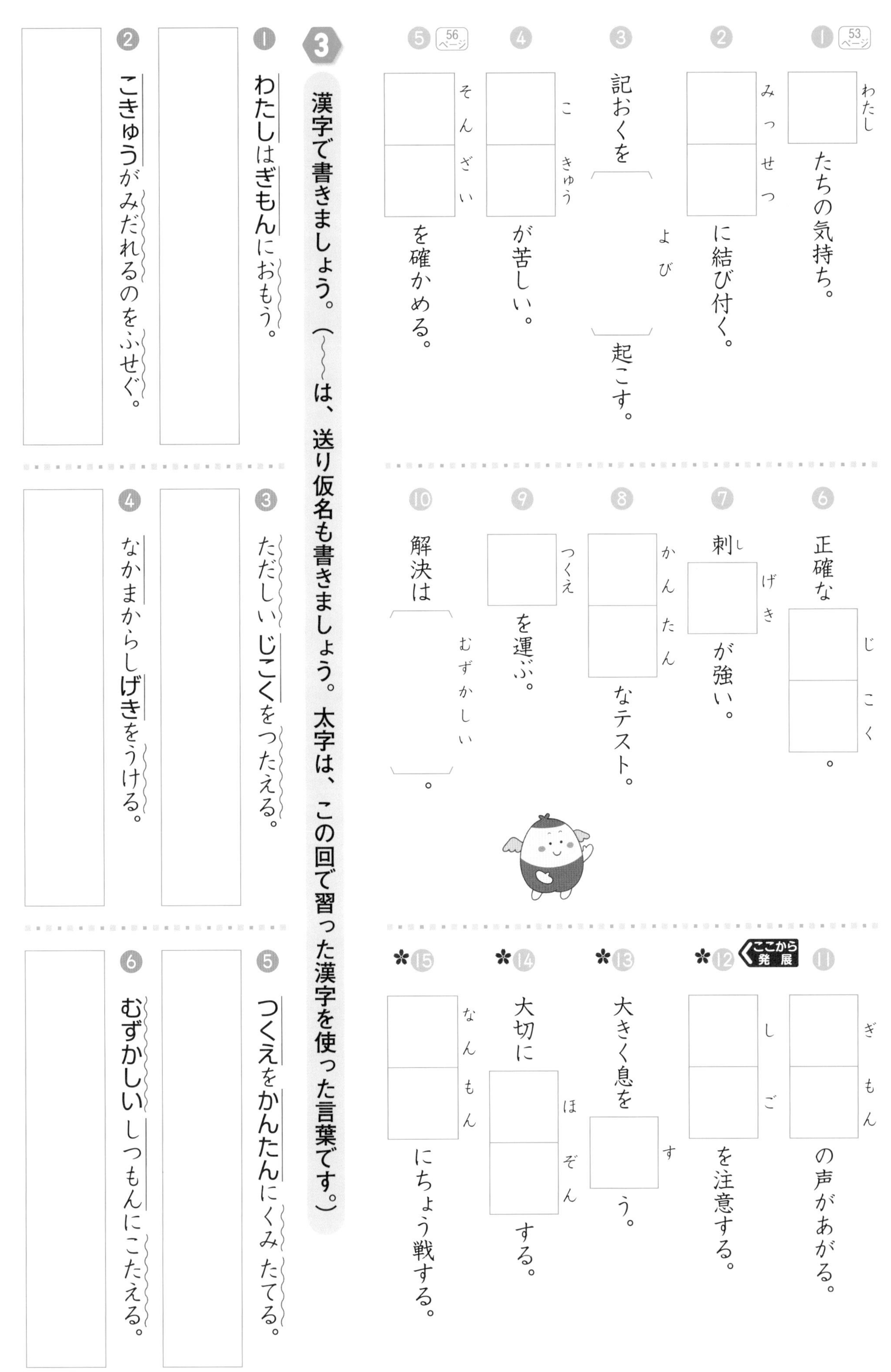

① 53ページ ［わたし］たちの気持ち。

② ［みっせつ］に結び付く。

③ 記おくを（よび）起こす。

④ ［こきゅう］が苦しい。

⑤ 56ページ ［そんざい］を確かめる。

⑥ 正確な［じこく］。

⑦ 刺し［げき］が強い。

⑧ ［かんたん］なテスト。

⑨ ［つくえ］を運ぶ。

⑩ 解決は（むずかしい）。

⑪ ［ぎもん］の声があがる。

ここから発展

＊⑫ ［しご］を注意する。

＊⑬ 大きく息を［す］う。

＊⑭ 大切に［ほぞん］する。

＊⑮ ［なんもん］にちょう戦する。

3 漢字で書きましょう。（〰は、送り仮名も書きましょう。太字は、この回で習った漢字を使った言葉です。）

① **わたし**は**ぎもん**におもう。

② **こきゅう**がみだれるのをふせぐ。

③ ただしい**じこく**をつたえる。

④ なかまから**しげき**をうける。

⑤ **つくえ**を**かんたん**にくみたてる。

⑥ むずかしい**しつもん**にこたえる。

基本のワーク

文の組み立て

教科書 66～67ページ

勉強した日　月　日

◆「読み方」の赤い字は教科書で使われている読みです。●はまちがえやすい漢字です。

文の組み立て

67ページ
券　かたな
読み方　ケン
使い方　券売機（けんばいき）・食券（しょっけん）
8画

67ページ
障　こざとへん
読み方　ショウ　（さわる）
使い方　故障（こしょう）・障子（しょうじ）・支障（ししょう）
14画

67ページ
派　さんずい
読み方　ハ
使い方　立派（りっぱ）・流派（りゅうは）・多数派（たすうは）
9画

67ページ
警　げん
読み方　ケイ
使い方　警察署（けいさつしょ）・警告（けいこく）
19画

67ページ
署　あみがしら　よこめ
読み方　ショ
使い方　警察署（けいさつしょ）・署名（しょめい）
13画

67ページ
銭　かねへん
読み方　セン　（ぜに）
使い方　銭湯（せんとう）・金銭（きんせん）・つり銭（せん）
14画

筆順　1　2　3　4　5　まちがえやすいところ…★

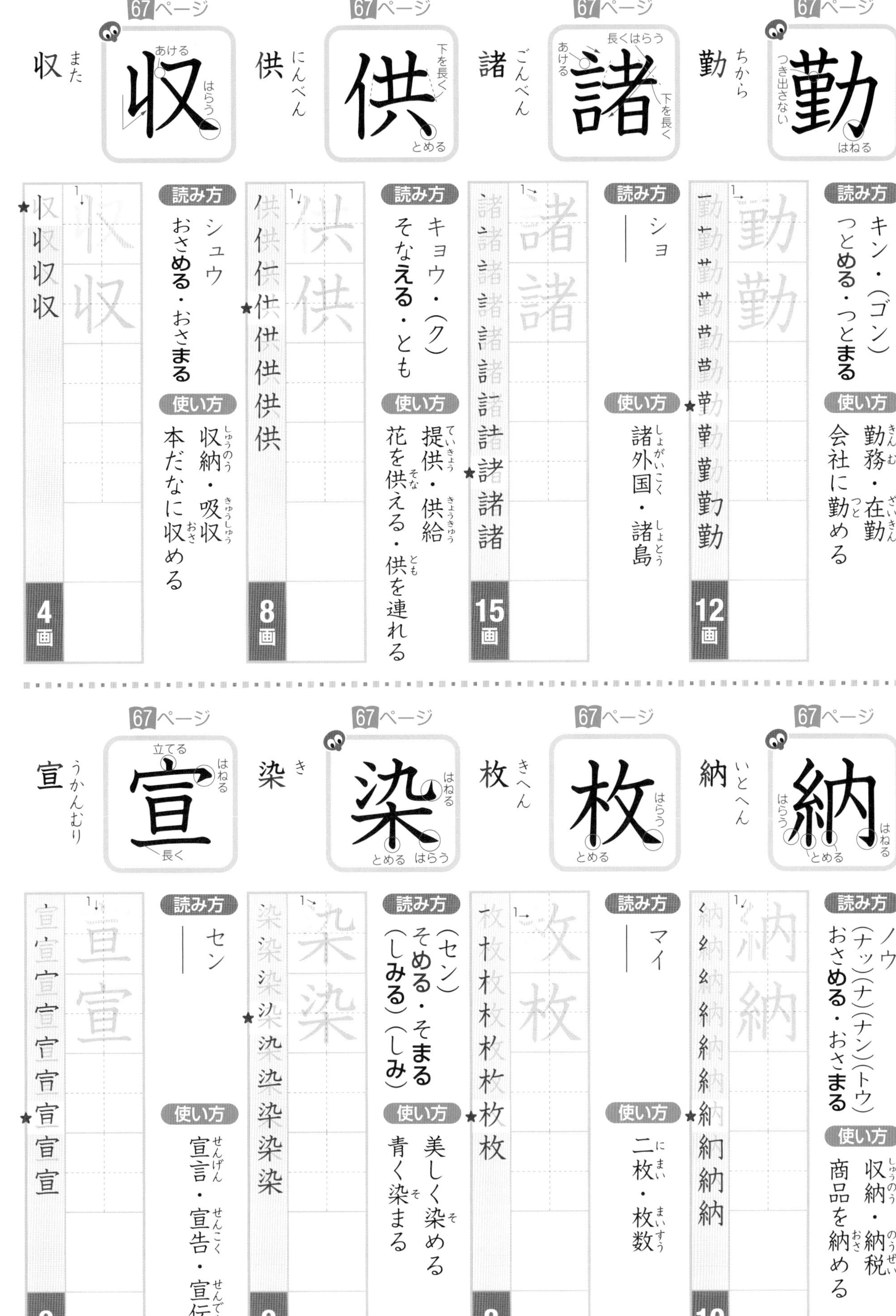

67ページ

勤　ちから　12画

つき出さない　はねる

読み方：キン・（ゴン）　つと**める**・つと**まる**

使い方：勤務（きんむ）・在勤（ざいきん）　会社に勤（つと）める

67ページ

諸　ごんべん　15画

あける　長くはらう　下を長く

読み方：ショ　―

使い方：諸外国（しょがいこく）・諸島（しょとう）

67ページ

供　にんべん　8画

下を長く　とめる

読み方：キョウ・（ク）　そな**える**・とも

使い方：提供（ていきょう）・供給（きょうきゅう）　花を供（そな）える・供（とも）を連れる

67ページ

収　また　4画

あける　はらう

読み方：シュウ　おさ**める**・おさ**まる**

使い方：収納（しゅうのう）・吸収（きゅうしゅう）　本だなに収（おさ）める

67ページ

納　いとへん　10画

はらう　とめる　はねる

読み方：ノウ　（ナッ）（ナ）（ナン）（トウ）　おさ**める**・おさ**まる**

使い方：収納（しゅうのう）・納税（のうぜい）　商品を納（おさ）める

67ページ

枚　きへん　8画

とめる　はらう

読み方：マイ　―

使い方：二枚（にまい）・枚数（まいすう）

67ページ

染　き　9画

はねる　とめる　はらう

読み方：（セン）　そ**める**・そ**まる**　（し**みる**）（し**み**）

使い方：美しく染（そ）める　青く染（そ）まる

67ページ

宣　うかんむり　9画

立てる　はねる　長く

読み方：セン　―

使い方：宣言（せんげん）・宣告（せんこく）・宣伝（せんでん）

ものしりメモ

「派」は、川の水が枝分かれしていく形からできた漢字で、いくつかに分かれることや、分かれたものを表す言葉に付くよ。（例）派生・流派

練習のワーク

文の組み立て

教科書 66〜67ページ　答え 2ページ

勉強した日　月　日

1 新しい漢字を読みましょう。

66ページ

① 券売機（　　）がある。
② 車が故障（　　）する。
③ 立派（　　）な青年。
④ 警察署（　　）が完成する。
⑤ 銭湯（　　）に通う。
⑥ 母が勤（　　）める会社。
⑦ 諸外国（　　）の観光名所。
⑧ 情報を提供（　　）する。
⑨ たんすに収納（　　）する。
⑩ 着物が二枚（　　）ある。
⑪ 職人が染（　　）める。
⑫ 市長が宣言（　　）する。

ここから発展

✿⑬ 学校に勤務（　　）する。
✿⑭ お墓に花を供（　　）える。
✿⑮ 供（　　）を引き連れる。
✿⑯ 成功を収（　　）める。
✿⑰ 会費を納（　　）める。

2 新しい漢字を書きましょう。〔　〕は、送り仮名（がな）も書きましょう。

✿の漢字は新出漢字の別の読み方です。

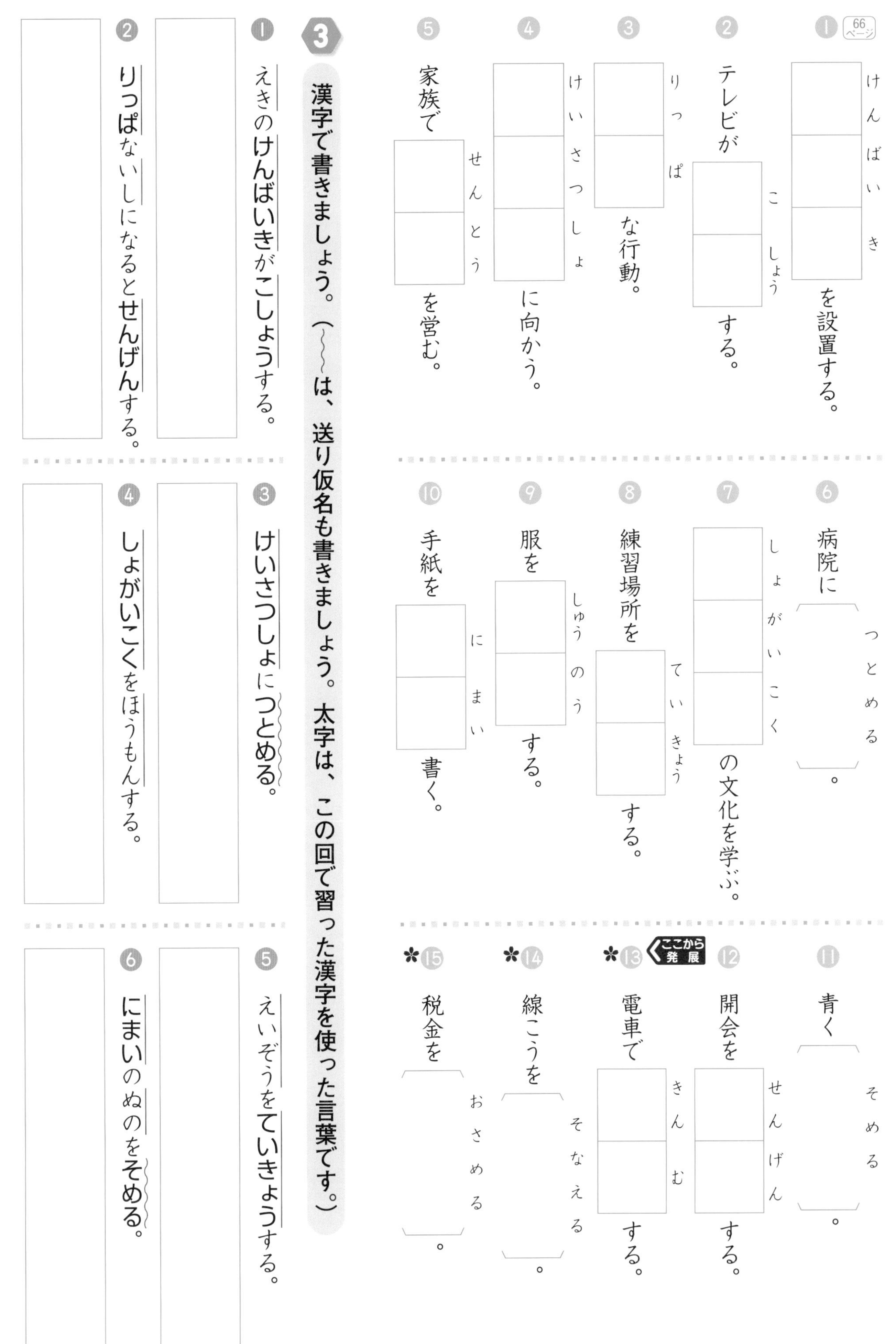

1 （66ページ） けんばいき［　　　］を設置する。

2 テレビが こしょう［　　］する。

3 りっぱ［　　］な行動。

4 けいさつしょ［　　　］に向かう。

5 家族で せんとう［　　］を営む。

6 病院に つとめる（　　）。

7 しょがいこく［　　　］の文化を学ぶ。

8 練習場所を ていきょう［　　］する。

9 服を しゅうのう［　　］する。

10 手紙を にまい［　　］書く。

11 青く そめる（　　）。

12 開会を せんげん［　　］する。

✿13 ここから発展 電車で きんむ［　　］する。

✿14 線こうを そなえる（　　）。

✿15 税金を おさめる（　　）。

3 漢字で書きましょう。（〜〜は、送り仮名も書きましょう。太字は、この回で習った漢字を使った言葉です。）

1 えきの**けんばいき**が**こしょう**する。

2 **りっぱ**ないしになると**せんげん**する。

3 **けいさつしょ**に**つとめる**。

4 **しょがいこく**をほうもんする。

5 えいぞうを**ていきょう**する。

6 **にまい**のぬのを**そめる**。

基本のワーク たのしみは 天地の文

勉強した日 月 日

◆「読み方」の赤い字は教科書で使われている読みです。はまちがえやすい漢字です。

たのしみは／天地の文

68ページ

暮（ひ）　14画

少し出す／長く／はらう

読み方：（ボ）　くれる・くらす

使い方：夕暮れ・日が暮れる　日々の暮らし

69ページ

探（てへん）　11画

はねる／はらう／はねる／とめる

読み方：タン　（さぐる）・さがす

使い方：探求・探検　本を探す

同じ読み方の言葉。
探究…物事の本質を明らかにしようとすること。例 真理を探究する。
探求…物事を手に入れようとさがしもとめること。例 幸福を探求する。

注意！

70ページ

座（まだれ）　10画

立てる／とめる／はらう／下を長く

読み方：ザ　（すわる）

使い方：星座・座席・正座

73ページ

幼（いとがしら／よう）　5画

はねる

読み方：ヨウ　おさない

使い方：幼児・幼虫　幼い妹

漢字の形に注意。
幼　「力」の部分を「刀」や「フ」と書かないようにしよう。

注意！

筆順 1 2 3 4 5　まちがえやすいところ…★

練習のワーク

たのしみは 天地(てんち)の文(ふみ)

教科書 68〜73ページ　答え 2ページ

勉強した日　月　日

1 新しい漢字を読みましょう。

1 (68ページ) 日常の（　）暮らし。

2 歌の題材を（　）探す。

3 夜空の（　）星座。

4 (72ページ)（　）幼いときの思い出。

ここから発展

✿5 山を（　）探検する。

✿6 （　）幼児対象の本。

2 新しい漢字を書きましょう。〔　〕は、送り仮名(がな)も書きましょう。

1 (68ページ)〔くらし〕を見直す。

2 店を〔さがす〕。

3 □□(せいざ)を見上げる。

4 (72ページ)〔おさない〕妹がいる。

ここから発展

✿5 □□(ようじ)向けの番組。

3 漢字で書きましょう。（〜〜は、送り仮名も書きましょう。太字は、この回で習った漢字を使った言葉です。）

1 ゆたかな**くらし**についてかんがえる。

2 **おさない**ころのしゃしんを**さがす**。

3 なつの**せいざ**をかんさつする。

✿の漢字は新出漢字の別の読み方です。

基本のワーク

デジタル機器と私たち

教科書 76〜81ページ

勉強した日　月　日

◆「読み方」の赤い字は教科書で使われている読みです。●●はまちがえやすい漢字です。

デジタル機器と私たち

著（77ページ）
部首：著 くさかんむり
（長くはらう・下を長く）
読み方：チョ・（あらわす）・（いちじるしい）
使い方：著作権（ちょさくけん）・著者（ちょしゃ）
筆順：著 著 著 著 著 著 著 著 著 著 著
11画

漢字の意味。
「著」には、いろいろな意味があるよ。
①はっきりと知られる。名高くなる。目立つ。
例 著名・けん著
②書きあらわす。
例 著作・著書

権（77ページ）
部首：権 きへん
（つき出さない・下を長く・とめる）
読み方：ケン・（ゴン）
使い方：著作権（ちょさくけん）・権利（けんり）・人権（じんけん）
筆順：権 権 権 権 権 権 権 権 権 権 権 権 権 権 権
15画

尊（77ページ）
部首：尊 すん
（わすれない・長く・はねる）
読み方：ソン・たっとい・たっとぶ・とうとい・とうとぶ
使い方：尊重（そんちょう）・尊敬語（そんけいご）・尊い（とうと・たっと）教え・命を尊ぶ（とうと・たっと）
筆順：尊 尊 尊 尊 尊 尊 尊 尊 尊 尊 尊 尊
12画

漢字のでき方。
尊　酋…「酒を入れるつぼ」を表す。
寸…「手」を表す。
酒つぼを手で持ち、神にささげることから、「たっとぶ」という意味を表すよ。

でき方

庁（80ページ）
部首：庁 まだれ
（立てる・つき出さない・はらう・はねる）
読み方：チョウ
使い方：消防庁（しょうぼうちょう）・県庁（けんちょう）
筆順：庁 庁 庁 庁 庁
5画

筆順 1 2 3 4 5　まちがえやすいところ…★

構成を考えて、提案する文章を書こう

練習のワーク

デジタル機器と私たち

教科書 76〜81ページ　答え 2ページ

勉強した日　月　日

1 新しい漢字を読みましょう。

❶ 76ページ 著作権（　）を守る。

❷ 他の人の意見を尊重（　）する。

❸ 消防庁（　）の仕事。

ここから発展 ✿❹ 尊（　）い命を大切にする。

2 新しい漢字を書きましょう。

❶ 76ページ ちょさくけん［　］がある。

❷ 相手をそんちょう［　］する。

❸ しょうぼうちょう［　］の職員。

3 漢字で書きましょう。（〰は、送り仮名も書きましょう。太字は、この回で習った漢字を使った言葉です。）

❶ **ちょさくけん**についてしらべる。

❷ いもうとのかんがえを**そんちょう**する。

❸ **しょうぼうちょう**のくんれん。

✿の漢字は新出漢字の別の読み方です。

基本のワーク

私と本
星空を届けたい

◆「読み方」の赤い字は教科書で使われている読みです。●はまちがえやすい漢字です。

教科書 84～97ページ

勉強した日　月　日

86ページ

装（ころも）　12画

読み方：ソウ・（ショウ）（よそおう）

使い方：装置（そうち）・服装（ふくそう）

漢字の意味。
「装」には、いろいろな意味があるよ。
①よそおう。 例 正装・変装
②かざる。 例 装飾（しょく）
③備えつける。 例 装置・装備

87ページ

届（しかばね　かばね）　8画

読み方：ー　とどける・とどく

使い方：荷物を届ける（とど）　商品が届く（とど）

88ページ

沿（さんずい）　8画

読み方：エン　そう

使い方：沿岸（えんがん）・沿岸漁業（えんがんぎょぎょう）　話題に沿う（そ）

88ページ

冊（どうがまえ　けいがまえ）　5画

読み方：サツ・（サク）　ー

使い方：三冊（さんさつ）・冊子（さっし）・冊数（さっすう）

漢字のでき方。
冊
木や竹の札に文字を書いてひもでつなげたものの形からできた漢字だよ。「書物・書物を数える言葉・書きつける札」という意味を表すよ。

筆順 1 2 3 4 5　まちがえやすいところ…★

ものしりメモ 「届」の送り仮名（がな）は「届ける」「届く」だね。けれど、「欠席届」のように決まった書式を表すときは、送り仮名を付けないよ。覚えておこう。

95ページ

幕 はば

読み方
マク・バク
―

使い方
字幕（じまく）・開幕（かいまく）
幕府（ばくふ）・幕末（ばくまつ）

13画

95ページ

晩 ひへん

読み方
バン
―

使い方
毎晩（まいばん）・今晩（こんばん）・晩（ばん）ご飯

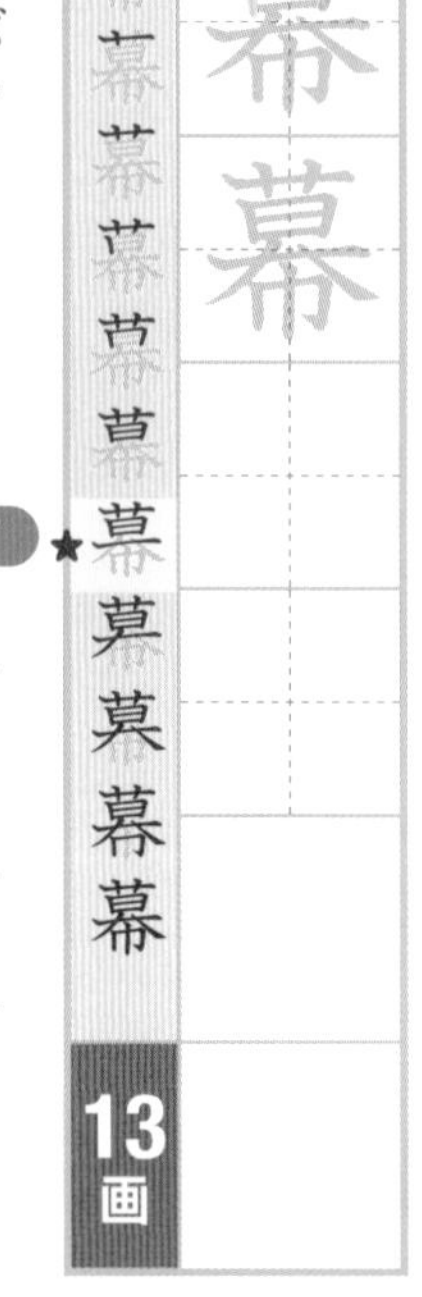

12画

96ページ

模 きへん

読み方
モ・ボ
―

使い方
模型（もけい）・模様（もよう）・模造紙（もぞうし）
規模（きぼ）

14画

97ページ

窓 あなかんむり

読み方
ソウ
まど

使い方
車窓（しゃそう）・同窓会（どうそうかい）
のぞき窓（まど）・窓口（まどぐち）・天窓（てんまど）

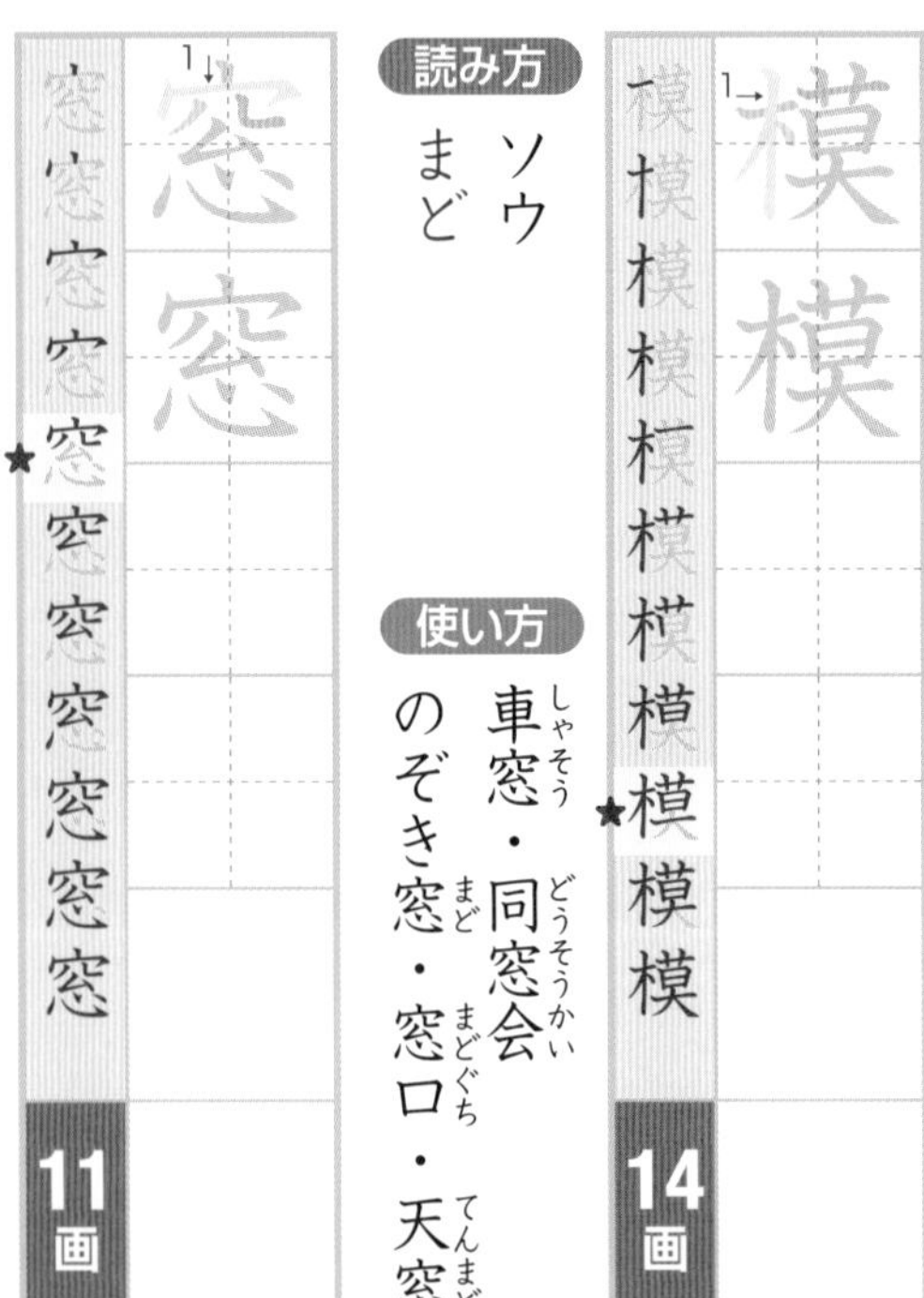

11画

97ページ

延 えんにょう

読み方
エン
の**びる**・の**べる**
の**ばす**

使い方
延長（えんちょう）・延期（えんき）
出発を延（の）ばす

8画

漢字の形に注意。

延

「正」の部分を「正」や「壬」と書かないようにしよう。一画目は右から左へ書くよ。部首の「廴」（えんにょう）の筆順や画数にも注意しよう。

注意！

97ページ

論 ごんべん

読み方
ロン
―

使い方
議論（ぎろん）・論理（ろんり）・結論（けつろん）

15画

読み方が新しい漢字

90ページ
男（ナン）
老若男女（ろうにゃくなんにょ）

ものしりメモ
「論」を使ったことわざに、「論より証拠（しょうこ）」があるよ。「議論を重ねるより、証拠によって物事は明らかになる」という意味だよ。

練習のワーク

私と本
星空を届けたい

教科書 84〜97ページ
答え 3ページ

勉強した日　月　日

1 新しい漢字を読みましょう。

① 84ページ 風力発電の装置。（　）
② 手紙を届ける。（　）
③ テーマに沿う。（　）
④ 三冊の本をしょうかいする。（　）
⑤ 89ページ 宇宙の解説。（　）
⑥ 俳句を作る。（　）
⑦ 老若（ろうにゃく）男女（にょ）が集まる。（　）

⑧ 試行錯（さく）誤を重ねる。（　）
⑨ 字幕を読む。（　）
⑩ 毎晩星空をながめる。（　）
⑪ 望遠鏡の模型。（　）
⑫ のぞき窓のレンズ。（　）
⑬ 長さを延ばす。（　）
⑭ 集まって議論する。（　）

ここから発展

✿⑮ 地中海沿岸で暮らす。（　）
✿⑯ 字を誤る。（　）
✿⑰ 江戸（えど）幕府の始まり。（　）
✿⑱ 規模を拡大する。（　）
✿⑲ 同窓会に参加する。（　）
✿⑳ 試合を延長する。（　）

✿の漢字は新出漢字の別の読み方です。

2 新しい漢字を書きましょう。〔　〕は、送り仮名(がな)も書きましょう。

1 84ページ 実験の□□(そうち)。

2 落としものを〔　〕(とどける)。

3 川に〔　〕(そう)。

4 絵本を□□(さんさつ)読む。

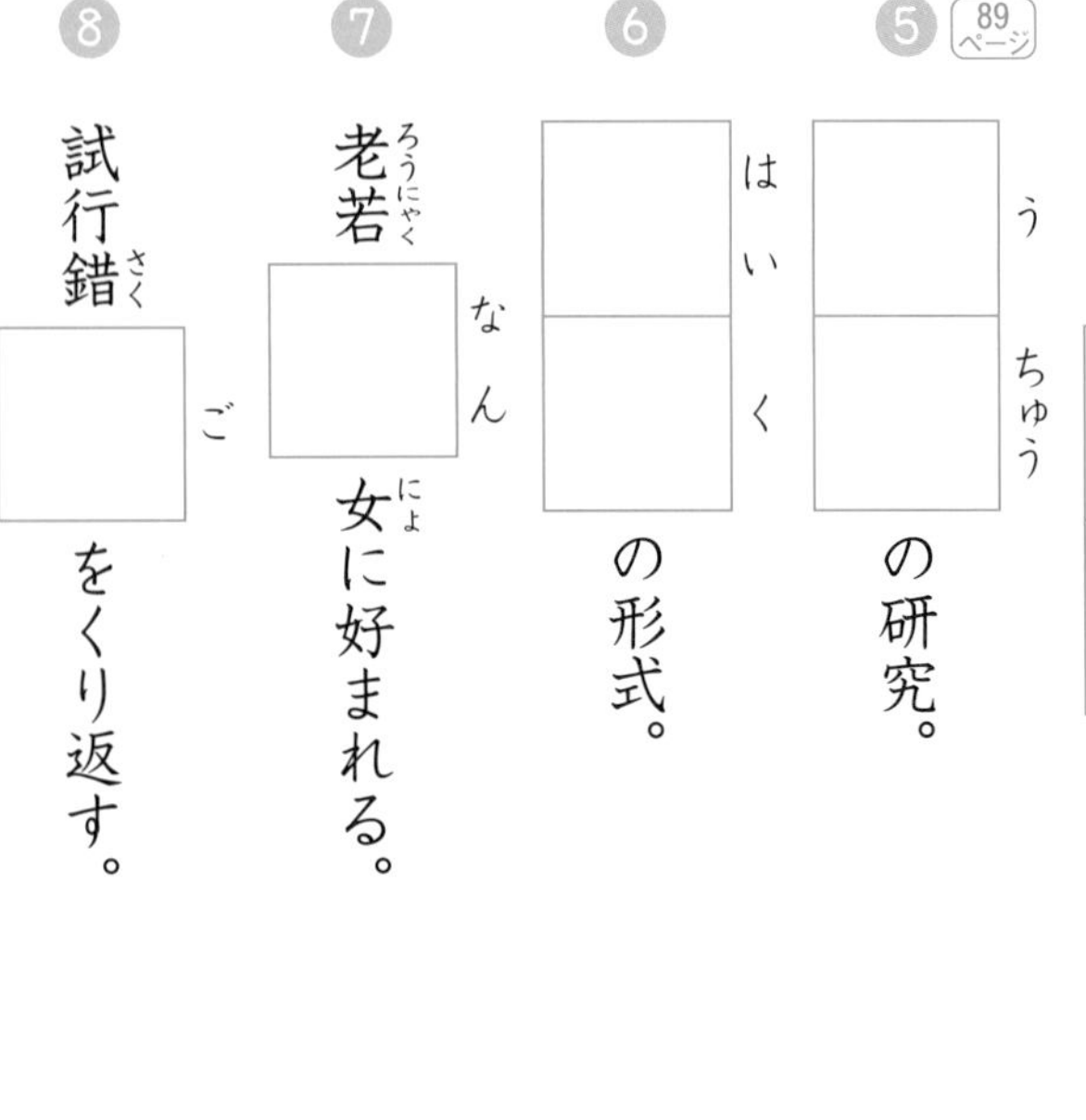

5 89ページ □□(うちゅう)の研究。

6 □□(はいく)の形式。

7 老若(ろうにゃく)□(なん)女(にょ)に好まれる。

8 試行錯(さく)□(ご)をくり返す。

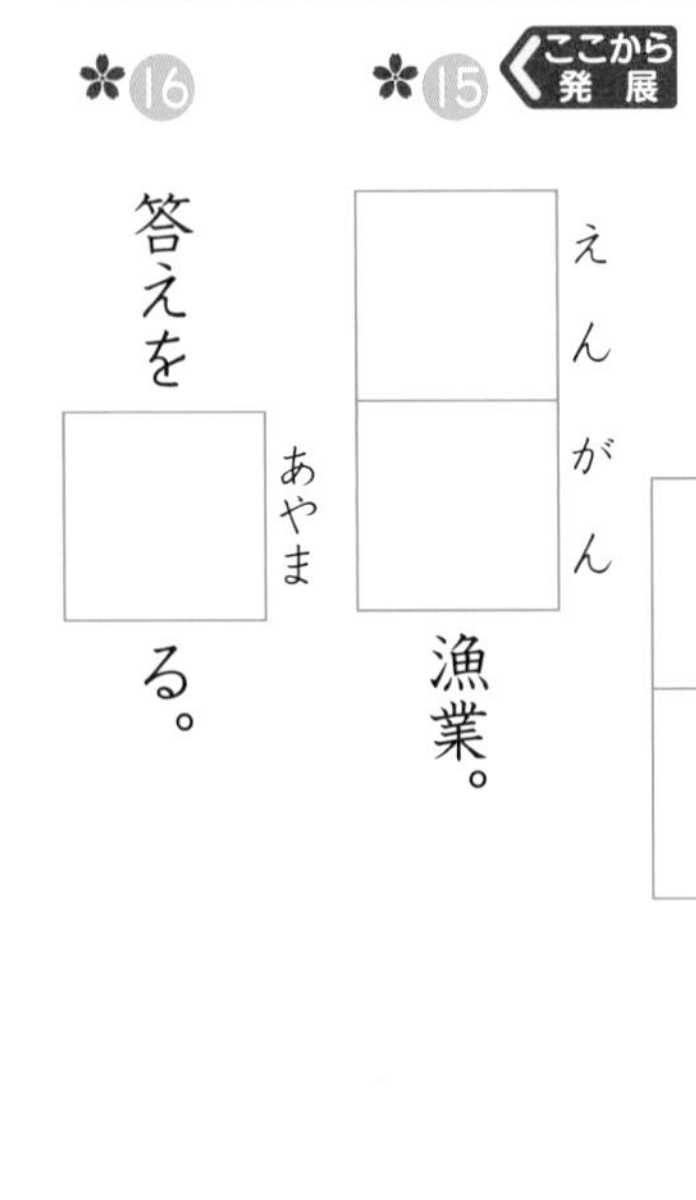

9 日本語の□□(じまく)を付ける。

10 □□(まいばん)歯をみがく。

11 新幹線の□□(もけい)。

12 望遠鏡ののぞき□(まど)。

13 期間を〔　〕(のばす)。

14 クラスで□□(ぎろん)する。

✿15 ここから発展 □□(えんがん)漁業。

✿16 答えを□(あやま)る。

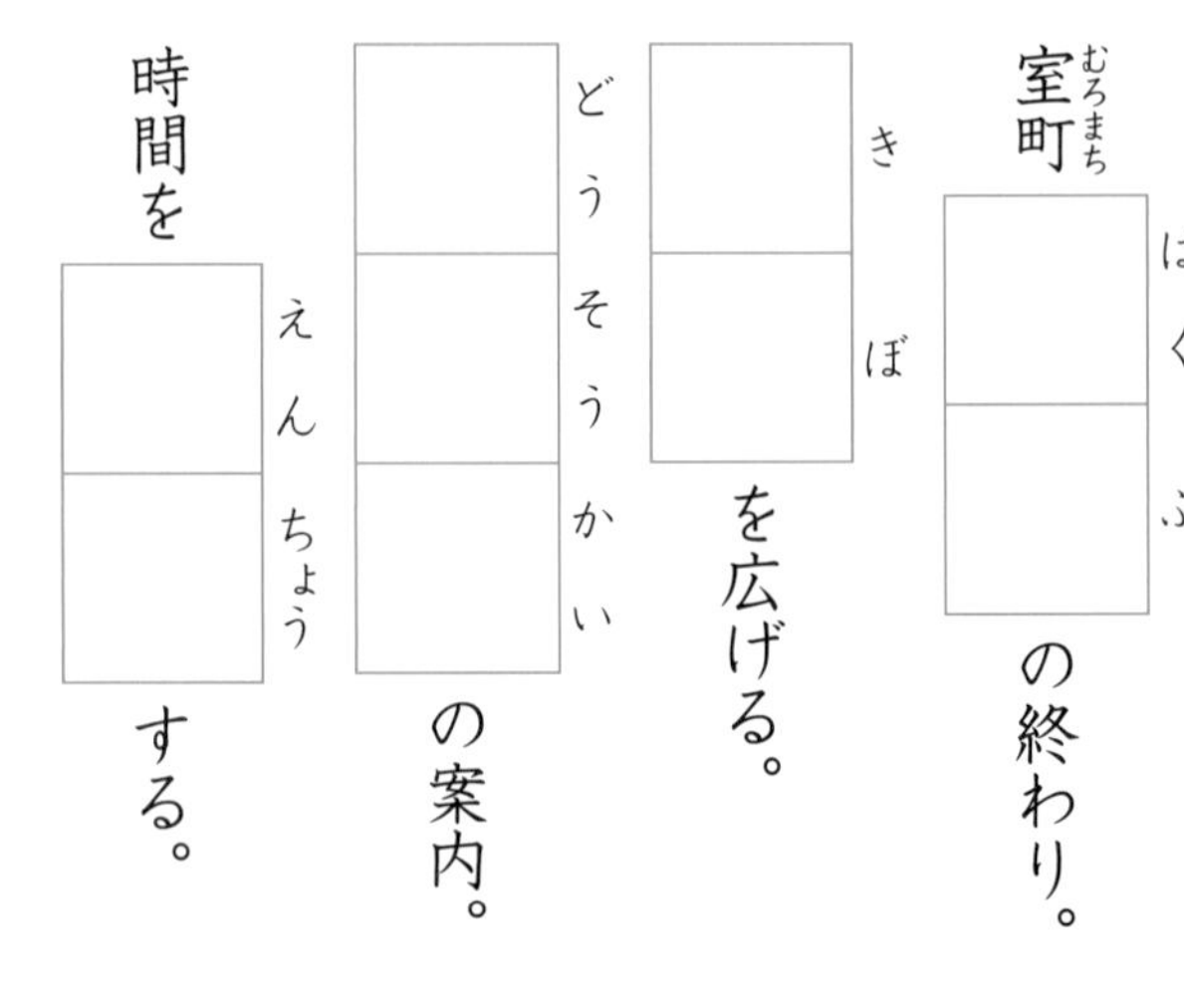

✿17 室町(むろまち)□□(ばくふ)の終わり。

✿18 □□(きぼ)を広げる。

✿19 □□□(どうそうかい)の案内。

✿20 時間を□□(えんちょう)する。

3 漢字で書きましょう。（〰は、送り仮名も書きましょう。太字は、この回で習った漢字を使った言葉です。）

① べんりな**そうち**をはつめいする。

② はいたついんがにもつを**とどける**。

③ せんろに**そう**ようになのはながさく。

④ しょうせつを**さんさつ**かりる。

⑤ **うちゅう**りょこうをゆめみる。

⑥ **はいく**にきごをいれる。

⑦ しこうさく**ご**してかんせいさせる。

⑧ えいがの**じまく**をめでおう。

⑨ **まいばん**つきをかんさつする。

⑩ じょうききかんしゃの**もけい**をかう。

⑪ でんしゃの**まど**からのふうけい。

⑫ りょこうのにっていを**のばす**。

⑬ あつい**ぎろん**のすえにきまる。

夏休み まとめのテスト①

教科書 25～97ページ
答え 3ページ

時間 20分

得点 /100点

勉強した日 月 日

1 ―線の漢字の読み方を書きましょう。 一つ2（28点）

① 砂ぼこりを水で洗い流す。（　）（　）

② 古い雑誌をまとめて捨てる。（　）（　）

③ 地域の施設を訪問する。（　）（　）

④ 映像の一部を拡大する。（　）（　）

⑤ 我々の国の伝承文化。（　）（　）

⑥ 細心の注意をはらって対処する。（　）（　）

⑦ 裁判官の判決に従う。（　）（　）

2 □は漢字を、（　）は漢字と送り仮名を書きましょう。 一つ2（28点）

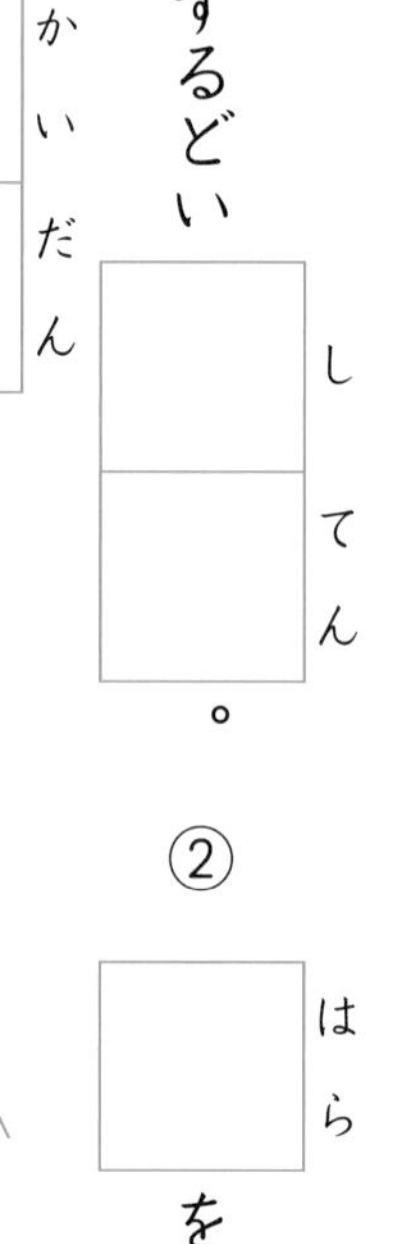
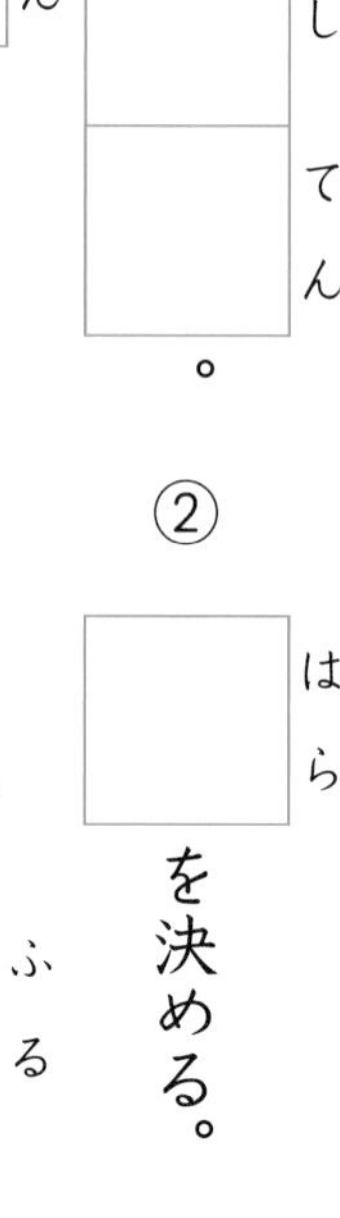
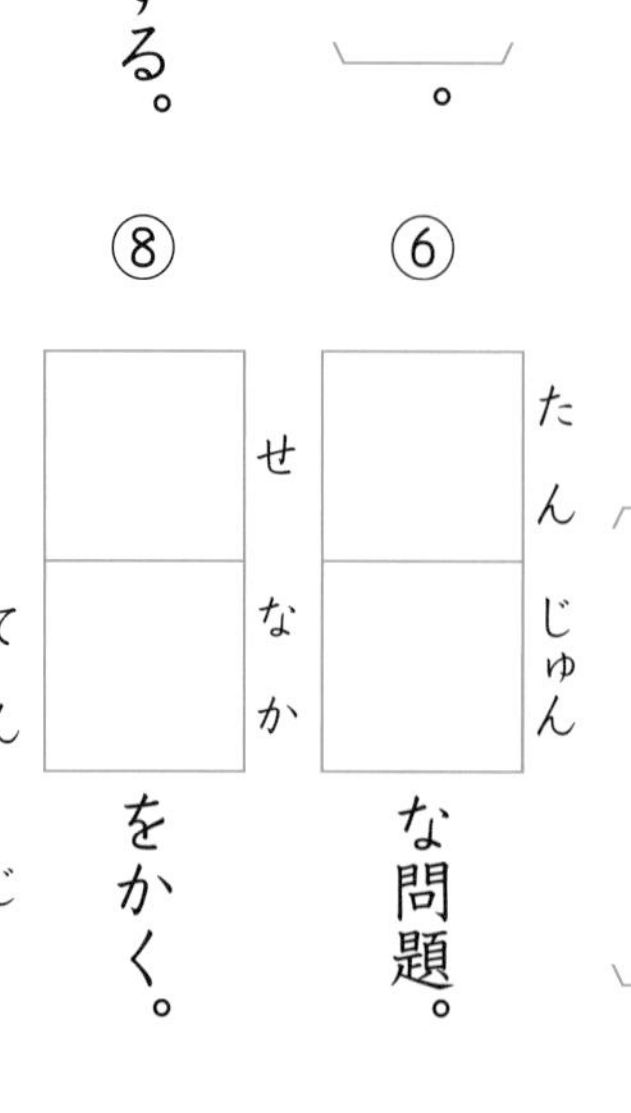
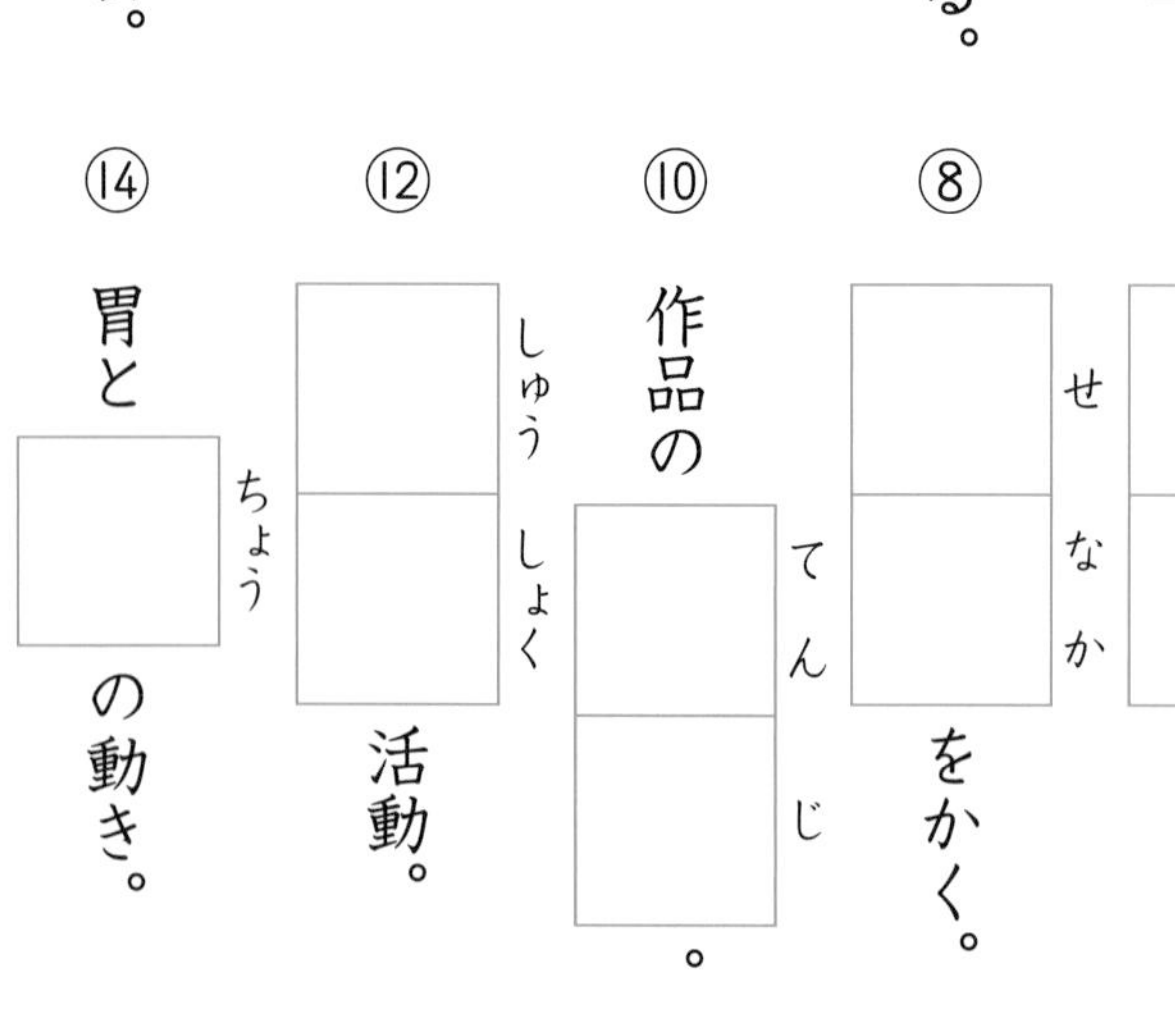

① するどい□□（してん）。

② □（はら）を決める。

③ □□（かいだん）を下る。

④ 雨が（　　）（ふる）。

⑤ 外出を（　　）（みとめる）。

⑥ □□（たんじゅん）な問題。

⑦ 光が□□（はんしゃ）する。

⑧ □□（せなか）をかく。

⑨ □（した）を出す。

⑩ 作品の□□（てんじ）。

⑪ □□（じょうき）機関車。

⑫ □□（しゅうしょく）活動。

⑬ □□（おんじん）との再会。

⑭ 胃と□（ちょう）の動き。

3 次の漢字の部首名を（　）に書き、何に関係のある部首かをア～オから選んで、□に記号で答えましょう。　一つ1（10点）

① 装（　）□
② 密（　）□
③ 捨（　）□
④ 刻（　）□
⑤ 律（　）□

ア 行くこと・道　イ 刀・切ること
ウ 着物　エ 家　オ 手

4 次の漢字の赤字の部分は、何画目に書きますか。（　）に数字で書きましょう。　一つ1（6点）

① 俳（　）画目
② 並（　）画目
③ 冊（　）画目
④ 延（　）画目
⑤ 臨（　）画目
⑥ 収（　）画目

5 次の漢字の二通りの読み方を書きましょう。　一つ2（16点）

① 幕
1 日本語字幕に切りかえる。（　）
2 有名な幕末の武士。（　）

② 存
1 目立つ存在。（　）
2 常温で保存する。（　）

③ 模
1 水玉模様の服。（　）
2 大規模工事が始まる。（　）

④ 異
1 異議を唱える。（　）
2 異なる色を混ぜる。（　）

6 同じ音読みをする漢字を、□に書きましょう。　一つ2（12点）

① 心□（ぞう）の音。―― 冷□（ぞう）庫を開ける。
② 入場□（けん）を買う。―― 選挙□（けん）がある。
③ □（のう）品を終える。―― 首□（のう）会談を行う。

夏休み まとめのテスト②

教科書 25〜97ページ
答え 3ページ

時間 20分

得点 /100点

勉強した日 月 日

1 ――線の漢字の読み方を書きましょう。 一つ2（28点）

① 決まった時刻（　）に弟を呼（　）び起こす。

② 机（　）の上を簡単（　）に整理する。

③ 券売機（　）でチケットを二枚（　）買う。

④ 家族で夏の星座（　）を探（　）す。

⑤ 作家の著作権（　）を十分に尊重（　）する。

⑥ テーマに沿（　）って俳句（　）を作る。

⑦ 毎晩（　）ねる前に宇宙（　）の図かんを読む。

2 □は漢字を、（　）は漢字と送り仮名を書きましょう。 一つ2（28点）

① □（わたし）たちの心。

② 刺（し）□（げき）をあたえる。

③ □□（ぎもん）に答える。

④ 機械の□□（こしょう）。

⑤ □□□（けいさつしょ）。

⑥ 近所の□□（せんとう）。

⑦ 緑色に（　）（そめる）。

⑧ 開会□□（せんげん）。

⑨ 豊かな（　）（くらし）。

⑩ 考えが（　）（おさない）。

⑪ □□□（しょうぼうちょう）。

⑫ 思いを（　）（とどける）。

⑬ □（まど）を開ける。

⑭ □□（ぎろん）する。

3 ——線の言葉を、漢字と送り仮名で書きましょう。 一つ2(4点)

① むずかしい本を読む。

② 列がみだれる。

4 次の同じ読み方をする言葉を、漢字と送り仮名で書きましょう。 一つ2(6点)

つとめる
1 学級委員を(　　)。
2 会社に(　　)。
3 早起きに(　　)。

5 同じ部分をもつ漢字を、□に書きましょう。 一つ2(20点)

① □(せ)中・□(い)薬

② □(はら)まき・頭□(のう)・□(はい)活量・大□(ちょう)

③ □(しょ)島・来□(ほう)・週刊□(し)・□(みと)める

6 次の漢字の総画数を、(　)に数字で書きましょう。 一つ1(4点)

① 段(　　)画
② 吸(　　)画
③ 誤(　　)画
④ 派(　　)画

7 次の意味に合う熟語(じゅく)になるように、□の中の漢字を組み合わせて□に書きましょう。 一つ2(10点)

① すき間なく、ぴったりとくっついていること。

② 相手の役に立つように差し出すこと。

③ 自分の物としてしまってあること。

④ 昔からの文化などを後世につたえること。

⑤ 適切な方法で物事に当たること。

所 対 伝 供 密 提 承 蔵 接 処

基本のワーク

せんねん　まんねん／名づけられた葉
インターネットでニュースを読もう
文章を推敲しよう／漢字の広場②

教科書 98〜110ページ

勉強した日　月　日

◆「読み方」の赤い字は教科書で使われている読みです。●はまちがえやすい漢字です。

せんねん　まんねん／名づけられた葉

100ページ

樹（きへん）

とめる　はねる

読み方：ジュ

使い方：樹液（じゅえき）・樹木（じゅもく）・果樹園（かじゅえん）

16画

漢字の意味。
「樹」は、「立ち木」という意味を表すよ。似た意味の「木」と組み合わせて、「樹木」という熟語にもなるね。他にも、「打ち立てる」という意味もあるよ。例 樹立

インターネットでニュースを読もう

105ページ

覧（みる）

はじめに書く　はねる

読み方：ラン

使い方：閲覧（えつらん）・回覧（かいらん）・展覧会（てんらんかい）

17画

105ページ

値（にんべん）

折れる

読み方：チ　ね・（あたい）

使い方：価値（かち）・数値（すうち）・平均値（へいきんち）　値上げ（ねあげ）・値札（ねふだ）

10画

105ページ

源（さんずい）

とめる　はらう　はねる

読み方：ゲン　みなもと

使い方：資源（しげん）・源流（げんりゅう）・電源（でんげん）　命の源（みなもと）

13画

漢字のでき方。
源　原…「みなもと」を表す。　氵…「水」を表す。
「水の流れるもと・物事の始まるもと」という意味を表すよ。

筆順 1　2　3　4　5　まちがえやすいところ…★

105ページ

退

しんにょう しんにゅう

点をつけない／一画／とめる

読み方
タイ
しりぞく
しりぞける

使い方
敗退（はいたい）・後退（こうたい）
後ろに退く（しりぞく）

9画

105ページ

厳

つかんむり

はらう／はらう／つき出さない

読み方
ゲン・（ゴン）
（おごそか）
きびしい

使い方
厳守（げんしゅ）・厳重（げんじゅう）
厳しい（きびしい）残暑

17画

105ページ

優

にんべん

はねる／はらう

読み方
ユウ
（やさしい）
（すぐれる）

使い方
俳優（はいゆう）・優勝（ゆうしょう）・優勢（ゆうせい）

17画

漢字の形に注意。

優　横棒（ぼう）の数は二本だよ。

注意！

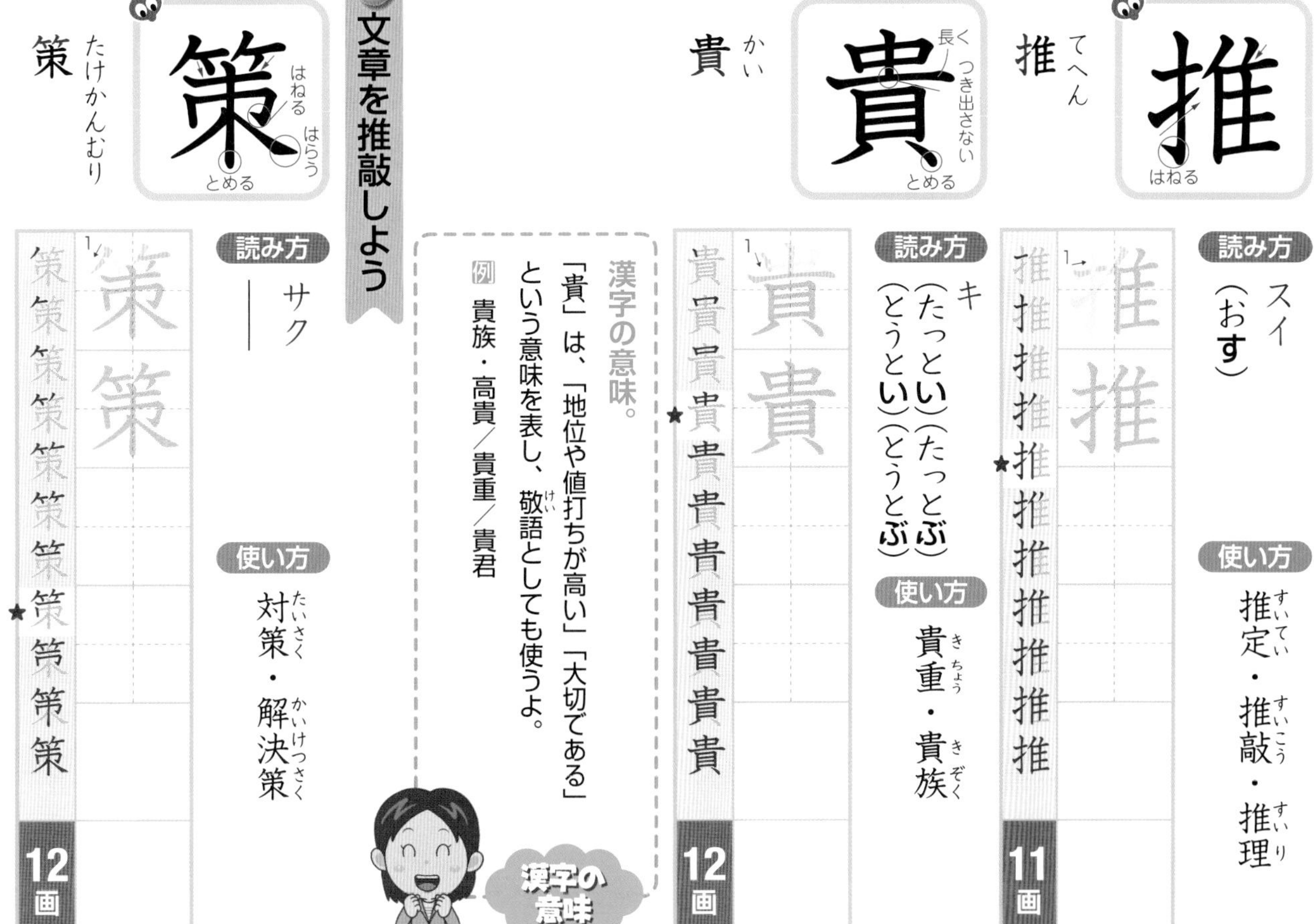

106ページ

推

てへん

はねる

読み方
スイ
（おす）

使い方
推定（すいてい）・推敲（すいこう）・推理（すいり）

11画

106ページ

貴

かい

長く／つき出さない／とめる

読み方
キ
（たっとい）（たっとぶ）
（とうとい）（とうとぶ）

使い方
貴重（きちょう）・貴族（きぞく）

12画

漢字の意味。

「貴」は、「地位や値打ちが高い」「大切である」という意味を表し、敬語（けいご）としても使うよ。

例　貴族・高貴／貴重／貴君

漢字の意味

文章を推敲しよう

109ページ

策

たけかんむり

はねる／はらう／とめる

読み方
サク
―

使い方
対策（たいさく）・解決策（かいけつさく）

12画

ものしりメモ　「退」は、「後ろへ下がる・おとろえる」などの意味を表すよ。反対の意味の漢字は「進」。だから、「後退」の反対の意味の言葉は「前進」となるよ。

練習のワーク

せんねん　まんねん／名づけられた葉
インターネットでニュースを読もう
文章を推敲しよう／漢字の広場②

教科書 98～110ページ　答え 4ページ

勉強した日　月　日

1 新しい漢字を読みましょう。

① 100ページ ポプラの樹液。（　）
② 104ページ ニュースサイトを閲覧する。（　）
③ 商品の値上げを発表する。（　）
④ 観光資源をつくる。（　）
⑤ 三回戦で敗退する。（　）
⑥ 厳しい残暑が続く。（　）
⑦ 俳優の名前。（　）
⑧ 体重を推定する。（　）
⑨ 貴重な発見。（　）
⑩ 108ページ ごみを減らす対策。（　）

ここから発展

✿⑪ 商品の価値。（　）
✿⑫ 食事は元気の源だ。（　）
✿⑬ 現場を退く。（　）
✿⑭ しめ切りを厳守する。（　）

2 新しい漢字を書きましょう。〔　〕は、送り仮名も書きましょう。

① 100ページ 木の□□（じゅえき）を吸う。
② 104ページ 新聞記事を閲□（らん）する。
③ 土地の□（ね）が高くなる。

✿の漢字は新出漢字の別の読み方です。

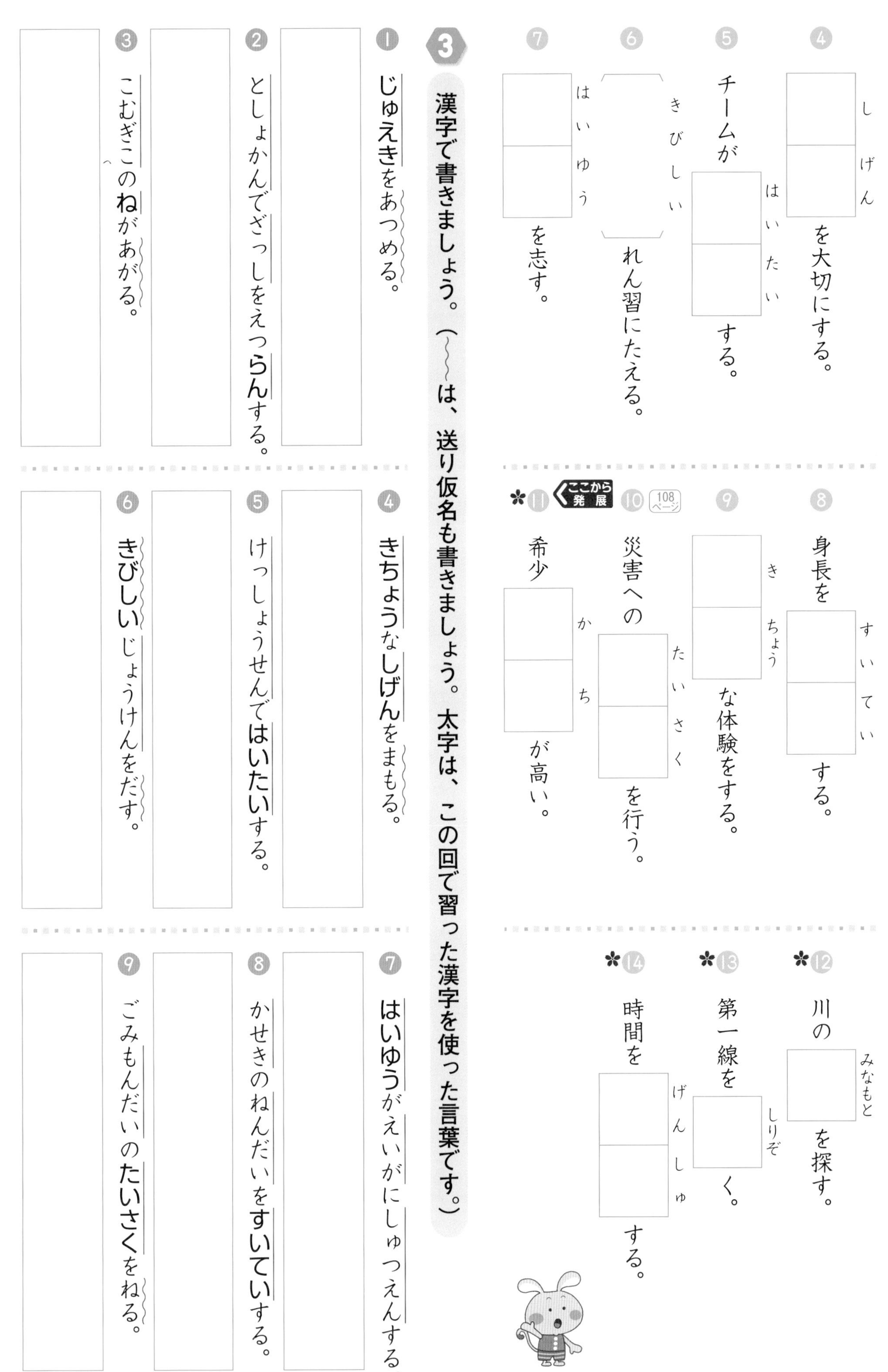

④ （しげん）を大切にする。

⑤ チームが（はいたい）する。

⑥ 〔きびしい〕れん習にたえる。

⑦ （はいゆう）を志す。

⑧ 身長を（すいてい）する。

⑨ （きちょう）な体験をする。

⑩ 108ページ 災害への（たいさく）を行う。

ここから発展

✿⑪ 希少（かち）が高い。

✿⑫ 川の（みなもと）を探す。

✿⑬ 第一線を（しりぞ）く。

✿⑭ 時間を（げんしゅ）する。

3 漢字で書きましょう。（〰は、送り仮名も書きましょう。太字は、この回で習った漢字を使った言葉です。）

① じゅえきをあつめる。

② としょかんでざっしをえつらんする。

③ こむぎこのねがあがる。

④ きちょうなしげんをまもる。

⑤ けっしょうせんではいたいする。

⑥ きびしいじょうけんをだす。

⑦ はいゆうがえいがにしゅつえんする。

⑧ かせきのねんだいをすいていする。

⑨ ごみもんだいのたいさくをねる。

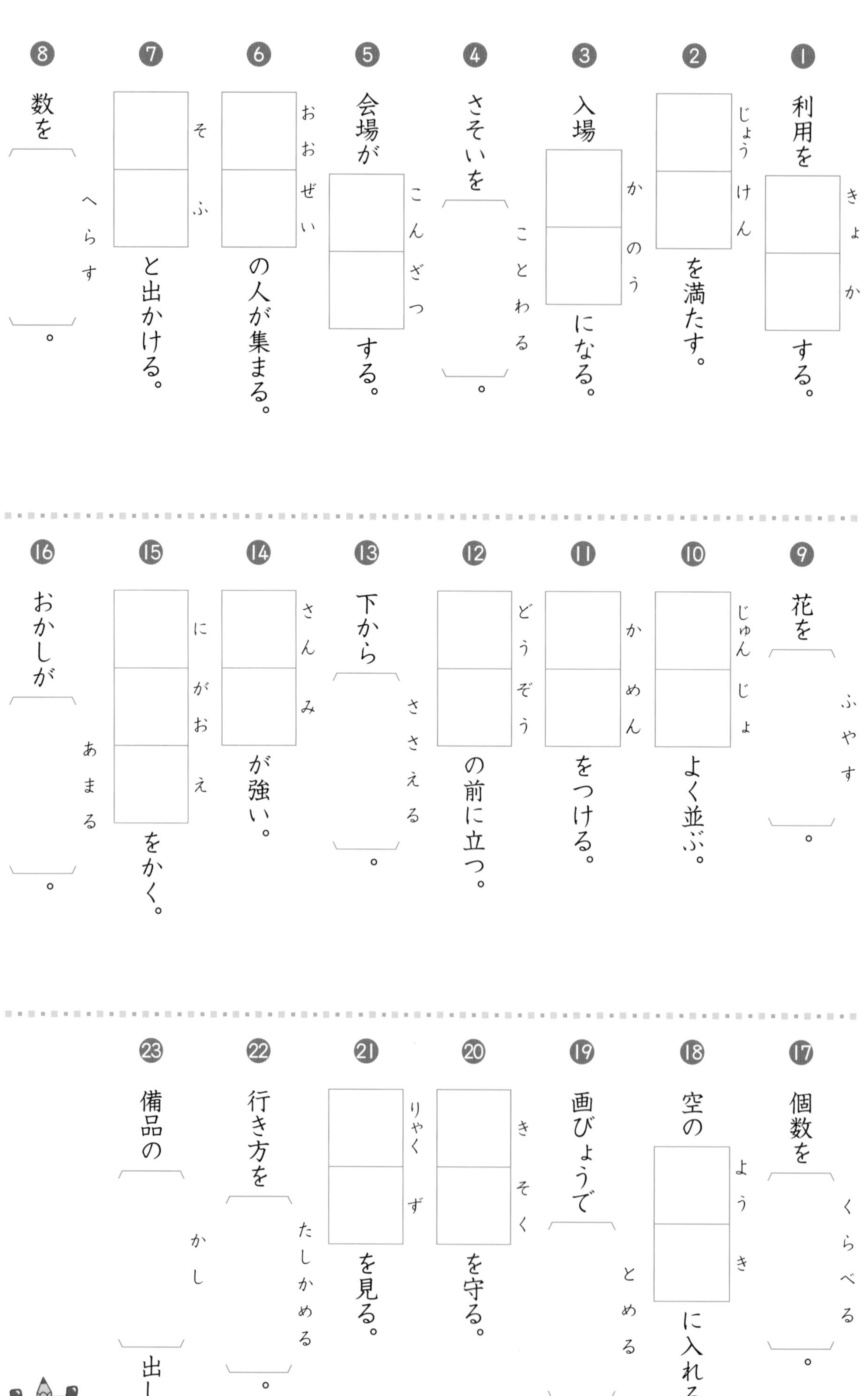

4 漢字の広場

五年生で習った漢字を書きましょう。〔　〕は、送りがなも書きましょう。

① 利用を［きょか］する。
② ［じょうけん］を満たす。
③ 入場［かのう］になる。
④ さそいを〔ことわる〕。
⑤ 会場が［こんざつ］する。
⑥ ［おおぜい］の人が集まる。
⑦ ［そふ］と出かける。
⑧ 数を〔へらす〕。

⑨ 花を〔ふやす〕。
⑩ ［じゅんじょ］よく並ぶ。
⑪ ［かめん］をつける。
⑫ ［どうぞう］の前に立つ。
⑬ 下から〔ささえる〕。
⑭ ［さんみ］が強い。
⑮ ［にがおえ］をかく。
⑯ おかしが〔あまる〕。

⑰ 個数を〔くらべる〕。
⑱ 空の［ようき］に入れる。
⑲ 画びょうで〔とめる〕。
⑳ ［きそく］を守る。
㉑ ［りゃくず］を見る。
㉒ 行き方を〔たしかめる〕。
㉓ 備品の〔かし〕出し。

作品の世界を想像しながら読み、考えたことを伝え合おう

基本のワーク

やまなし／イーハトーヴの夢
漢字の広場③

教科書 111～135ページ

勉強した日　月　日

◆「読み方」の赤い字は教科書で使われている読みです。●はまちがえやすい漢字です。

やまなし／イーハトーヴの夢

114ページ

縮（いとへん）

立てる　はねる　はらう　とめる

読み方：シュク　ちぢむ　ちぢまる・ちぢめる　ちぢれる・ちぢらす

使い方：縮小（しゅくしょう）・短縮（たんしゅく）　服が縮（ちぢ）む・差が縮（ちぢ）まる

17画

114ページ

棒（きへん）

つける位置　はらう　とめる

読み方：ボウ　―

使い方：長い棒（ぼう）・鉄棒（てつぼう）・棒切（ぼうき）れ

12画

漢字の形に注意。

棒　横棒の数をまちがえないように。

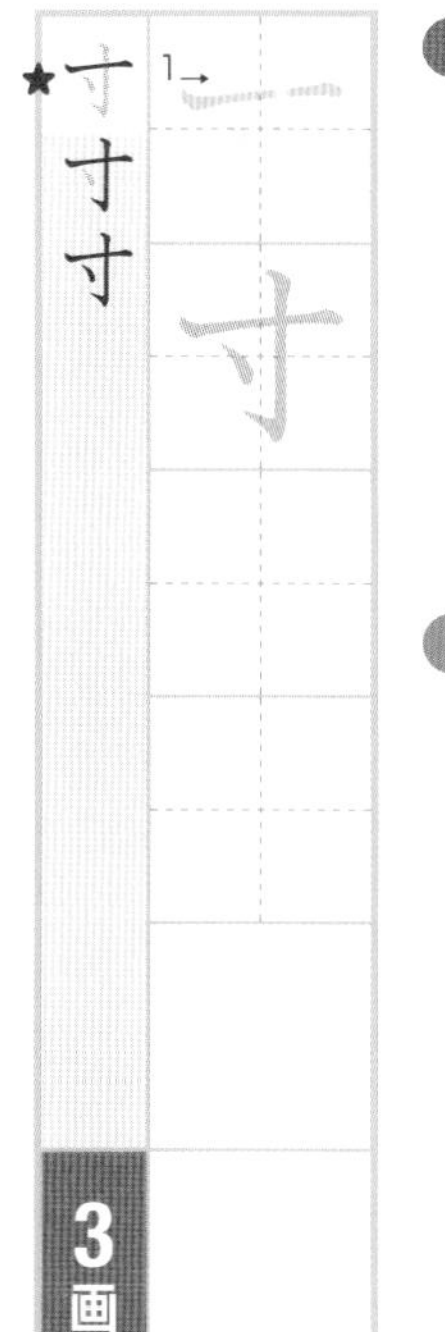

122ページ

熟（れんが　れっか）

読み方：ジュク　（うれる）

使い方：実が熟（じゅく）す・熟語（じゅくご）

15画

125ページ

尺（しかばね　かばね）

読み方：シャク　―

使い方：曲尺（かねじゃく）・一尺（いっしゃく）・縮尺（しゅくしゃく）

4画

125ページ

寸（すん）

はねる

読み方：スン　―

使い方：寸法（すんぽう）・一寸（いっすん）・原寸大（げんすんだい）

3画

筆順　1　2　3　4　5　まちがえやすいところ…★

126ページ

揮 てへん

読み方
キ
―

使い方
指揮者（しきしゃ）・発揮（はっき）

12画

128ページ

痛 やまいだれ

読み方
ツウ
いたい・いたむ
いためる

使い方
痛快（つうかい）・頭痛（ずつう）・耳が痛（いた）い
体の痛（いた）み・足を痛（いた）める

12画

128ページ

批 てへん

読み方
ヒ
―

使い方
批評（ひひょう）・批難（ひなん）・批判（ひはん）

7画

128ページ

傷 にんべん

読み方
ショウ
きず
（いたむ）（いためる）

使い方
重傷（じゅうしょう）・負傷者（ふしょうしゃ）
傷（きず）つく・傷口（きずぐち）

13画

129ページ

若 くさかんむり

読み方
（ジャク）（ニャク）
わかい・（もしくは）

使い方
若者（わかもの）・若（わか）い人

8画

130ページ

閉 もんがまえ

読み方
ヘイ
とじる・（とざす）
しめる・しまる

使い方
開閉（かいへい）・閉会式（へいかいしき）
本を閉（と）じる・戸を閉（し）める

11画

130ページ

遺 しんにょう しんにゅう

読み方
イ・（ユイ）
―

使い方
遺書（いしょ）・遺産（いさん）

15画

130ページ

翌 はね

読み方
ヨク
―

使い方
翌日（よくじつ）・翌朝（よくあさ（よくちょう））

11画

ものしりメモ ふだんの話し言葉ではあまり使わないけれど、「若人」と書いて「わこうど」と読む言葉もあるよ。「若い人」のことを表すんだ。

練習のワーク

やまなし／イーハトーヴの夢
漢字の広場③

教科書 111〜135ページ
答え 4ページ

1 新しい漢字を読みましょう。

① 111ページ のびたり縮（　）んだりする。
② まっすぐなかげの棒（　）。
③ よく熟（　）した果物。
④ 123ページ 大工が曲（かね）尺（　）を使う。
⑤ 寸法（　）を測る。

⑥ 指揮者（　）にしかられる。
⑦ 痛（　）みを分かち合う。
⑧ 批評（　）の言葉。
⑨ 理解されないことに傷（　）つく。
⑩ 農家の若者（　）たち。

⑪ 協会を二年で閉（　）じる。
⑫ 遺書（　）を書く。
⑬ 翌日（　）の朝。
✿⑭ ここから発展 地図を縮小（　）する。
✿⑮ 朝から頭痛（　）がする。

2 新しい漢字を書きましょう。〔　〕は、送り仮名（がな）も書きましょう。

① 111ページ セーターが〔ちぢむ〕。
② 木の［ぼう］を拾う。
③ トマトが［じゅく］す。

✿の漢字は新出漢字の別の読み方です。

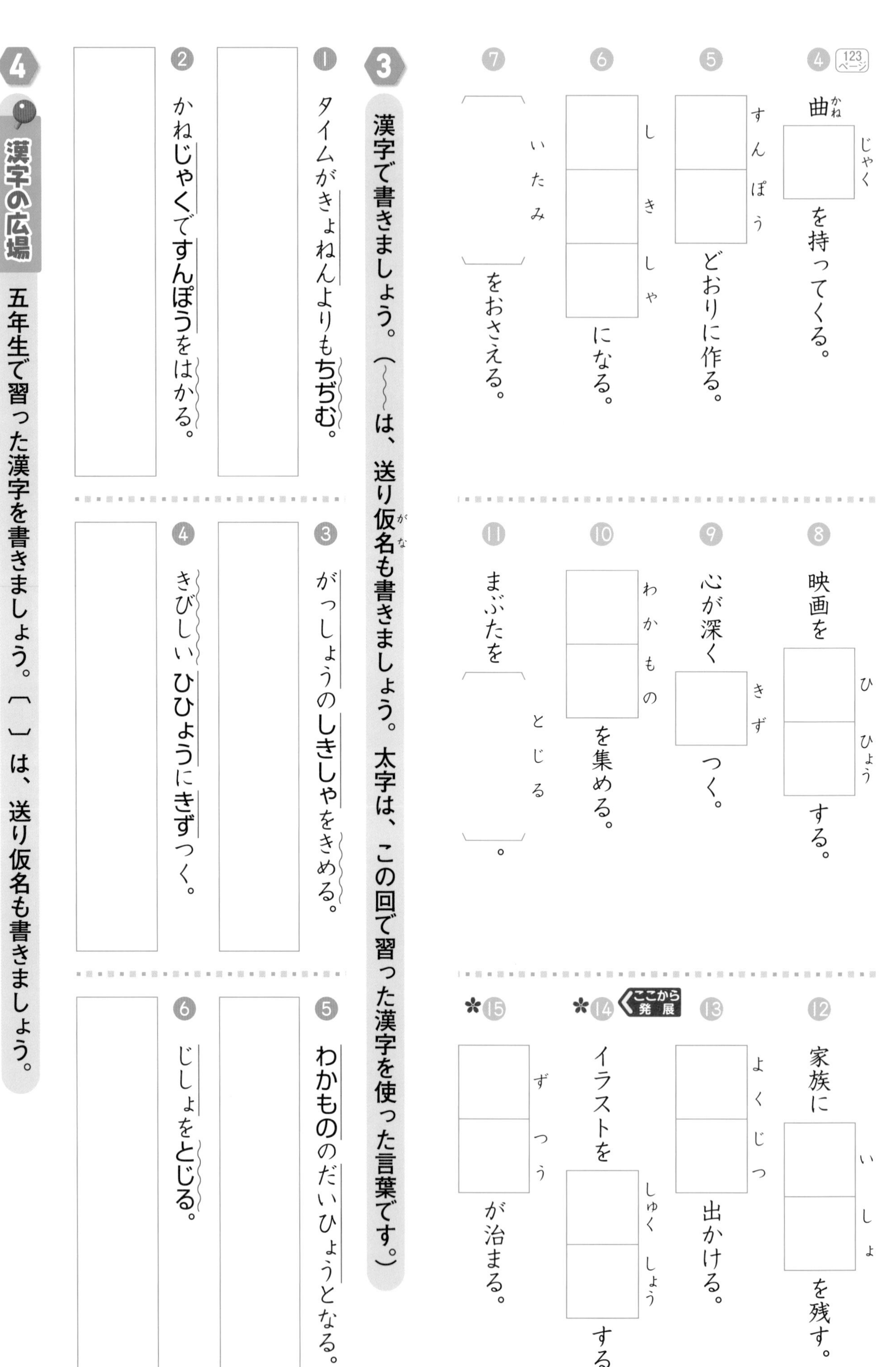

④（123ページ）曲（かね）［じゃく］を持ってくる。

⑤［すんぽう］どおりに作る。

⑥［しきしゃ］になる。

⑦（いたみ）をおさえる。

⑧映画を［ひひょう］する。

⑨心が深く［きず］つく。

⑩［わかもの］を集める。

⑪まぶたを（とじる）。

⑫家族に［いしょ］を残す。

⑬［よくじつ］出かける。

ここから発展

✿⑭イラストを［しゅくしょう］する。

✿⑮［ずつう］が治まる。

3 漢字で書きましょう。（〰は、送り仮名（がな）も書きましょう。太字は、この回で習った漢字を使った言葉です。）

①タイムがきょねんよりもちぢむ。

②かねじゃくですんぽうをはかる。

③がっしょうのしきしゃをきめる。

④きびしいひひょうにきずつく。

⑤わかもののだいひょうとなる。

⑥じしょをとじる。

4 漢字の広場

五年生で習った漢字を書きましょう。（　）は、送り仮名も書きましょう。

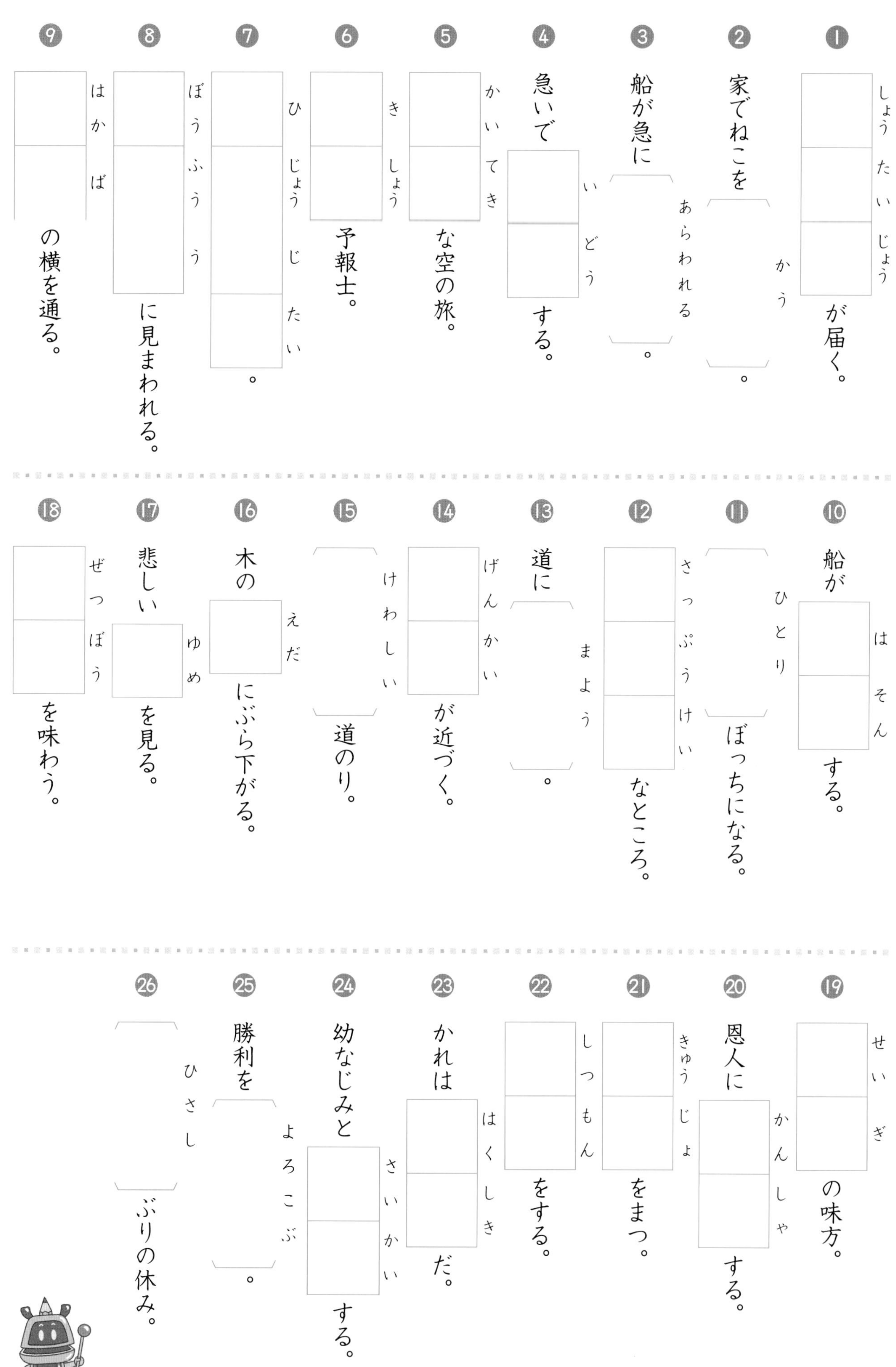

1. （しょうたいじょう）が届く。
2. 家でねこを（かう）。
3. 船が急に（あらわれる）。
4. 急いで（いどう）する。
5. （かいてき）な空の旅。
6. （きしょう）予報士。
7. （ひじょうじたい）。
8. （ぼうふうう）に見まわれる。
9. （はかば）の横を通る。

10. 船が（はそん）する。
11. （ひとり）ぼっちになる。
12. （さっぷうけい）なところ。
13. 道に（まよう）。
14. （げんかい）が近づく。
15. （けわしい）道のり。
16. 木の（えだ）にぶら下がる。
17. 悲しい（ゆめ）を見る。
18. （ぜつぼう）を味わう。

19. （せいぎ）の味方。
20. 恩人に（かんしゃ）する。
21. （きゅうじょ）をまつ。
22. （しつもん）をする。
23. かれは（はくしき）だ。
24. 幼なじみと（さいかい）する。
25. 勝利を（よろこぶ）。
26. （ひさし）ぶりの休み。

基本のワーク

熟語の成り立ち

教科書 136〜137ページ

勉強した日　月　日

◆「読み方」の赤い字は教科書で使われている読みです。●●はまちがえやすい漢字です。

熟語の成り立ち

136ページ

縦（いとへん）　16画

読み方：ジュウ　たて

使い方：縦横（じゅうおう）・縦断（じゅうだん）　縦と横（たて）・縦書き（たてが）

136ページ

頂（おおがい）　11画

読み方：チョウ　いただく・いただき

使い方：山頂（さんちょう）・頂上（ちょうじょう）　賞を頂く（いただ）・山の頂（いただき）

136ページ

忠（こころ）　8画

読み方：チュウ　—

使い方：忠誠（ちゅうせい）・忠実（ちゅうじつ）

136ページ

誠（ごんべん）　13画

読み方：セイ　（まこと）

使い方：忠誠（ちゅうせい）・誠意（せいい）

漢字のでき方。

誠　成…「かたく守る」ことを表す。　言…「言葉」を表す。

自分が言った言葉をかたく守ることから、「まこと・真実の心」という意味を表すよ。

136ページ

敵（のぶん・ぼくにょう）　15画

読み方：テキ　（かたき）

使い方：強敵（きょうてき）・天敵（てんてき）

筆順 1 2 3 4 5　まちがえやすいところ…★

136ページ

蚕 むし

蚕

上を長く　とめる

10画

読み方
サン
かいこ

使い方
養蚕（ようさん）
蚕（かいこ）を育てる

136ページ

己 おのれ

己

あける　はねる

3画

読み方
コ・（キ）
（おのれ）

使い方
自己（じこ）・利己的（りこてき）

漢字の形に注意。
己
あける。
「巳」と書かないようにしよう。

注意！

136ページ

除 こざとへん

除

つき出さない　下を長く　はねる　とめる

10画

読み方
ジョ・（ジ）
のぞく

使い方
除雪（じょせつ）・除去（じょきょ）
不良品を除（のぞ）く

136ページ

仁 にんべん

仁

下を長く

4画

読み方
ジン・（二）
――

使い方
仁愛（じんあい）・仁義（じんぎ）

似た意味の漢字。
仁…思いやり。情け。
義…正しい道。
忠…まごころ。

覚えよう！

136ページ

泉 みず

泉

はねる

9画

読み方
セン
いずみ

使い方
温泉（おんせん）・源泉（げんせん）
泉（いずみ）の水をすくう

漢字の意味。
「泉」には、「地中から水のわき出るところ」「物事が始まって出てくるもと」の意味があるよ。似た意味の漢字に「源」があり、合わせて「源泉」という熟語にもなるよ。

漢字の意味

ものしりメモ
「頂」の訓読みには、「いただ(く)」と「いただき」があるよ。動きを表す場合は送り仮名（がな）が付き、物や事を表す場合は送り仮名が付かないよ。（例）お茶を頂く。山の頂。

136ページ

裏 ころも

読み方

うら（リ）

13画

使い方

裏庭（うらにわ）・裏返す（うらがえす）

137ページ

系 いと

読み方

ケイ

7画

使い方

銀河系（ぎんがけい）・系図（けいず）

漢字の形に注意。

系

一画目は右から左にはらうよ。書きわすれないようにしよう。

137ページ

盟 さら

読み方

メイ

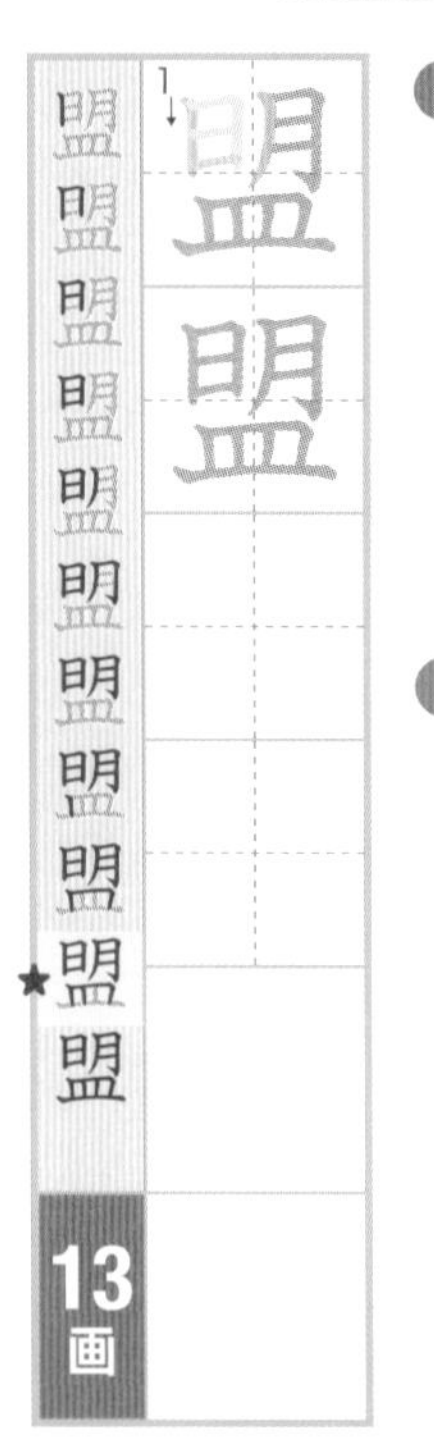

13画

使い方

加盟国（かめいこく）・同盟（どうめい）

137ページ

欲 あくび けんづくり

読み方

ヨク（ほっする）（ほしい）

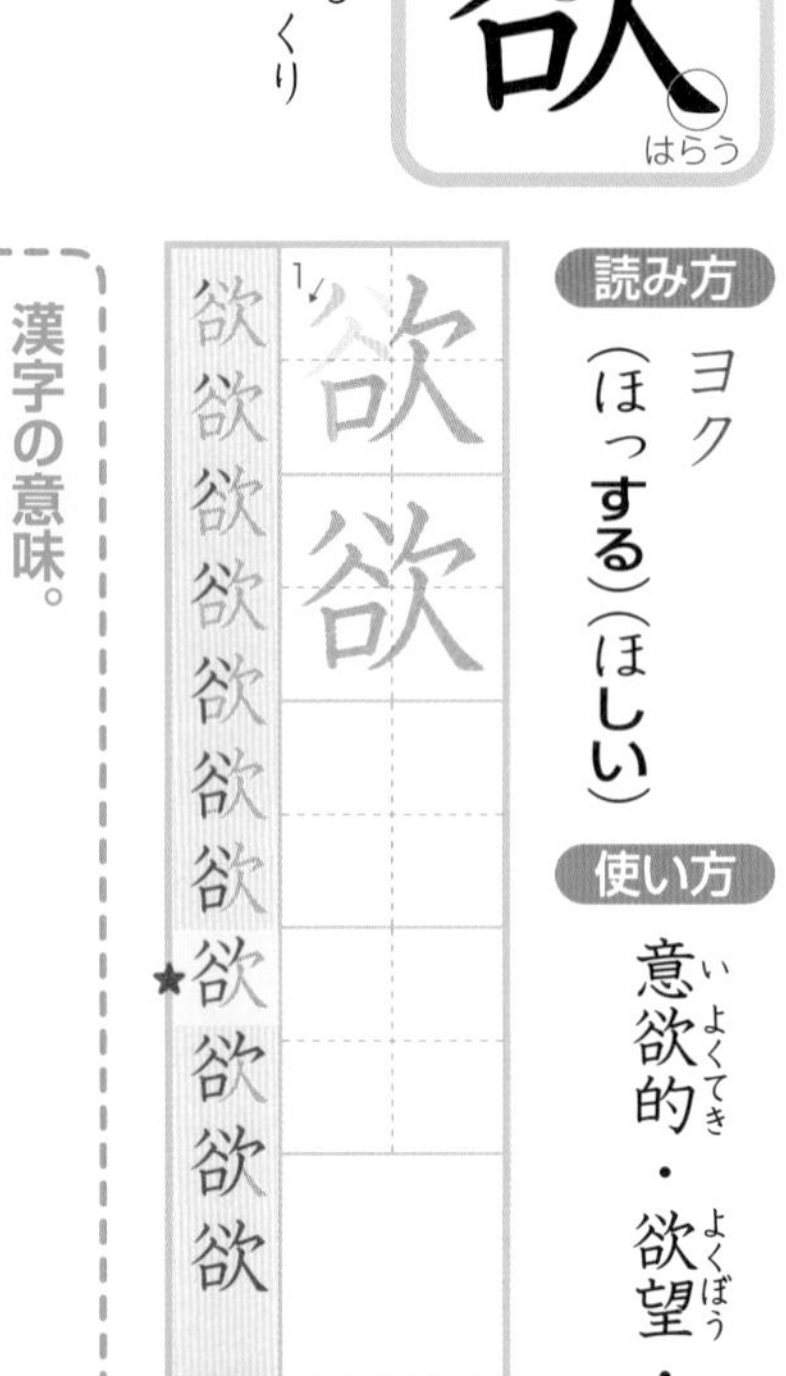

11画

使い方

意欲的（いよくてき）・欲望（よくぼう）・欲求（よっきゅう）

漢字の意味。

「欲」は、「何かをほしがることやほしがる気持ち」という意味を表すよ。「欲を言えば…」「欲が深い」などと使うよ。

137ページ

株 きへん

読み方

かぶ

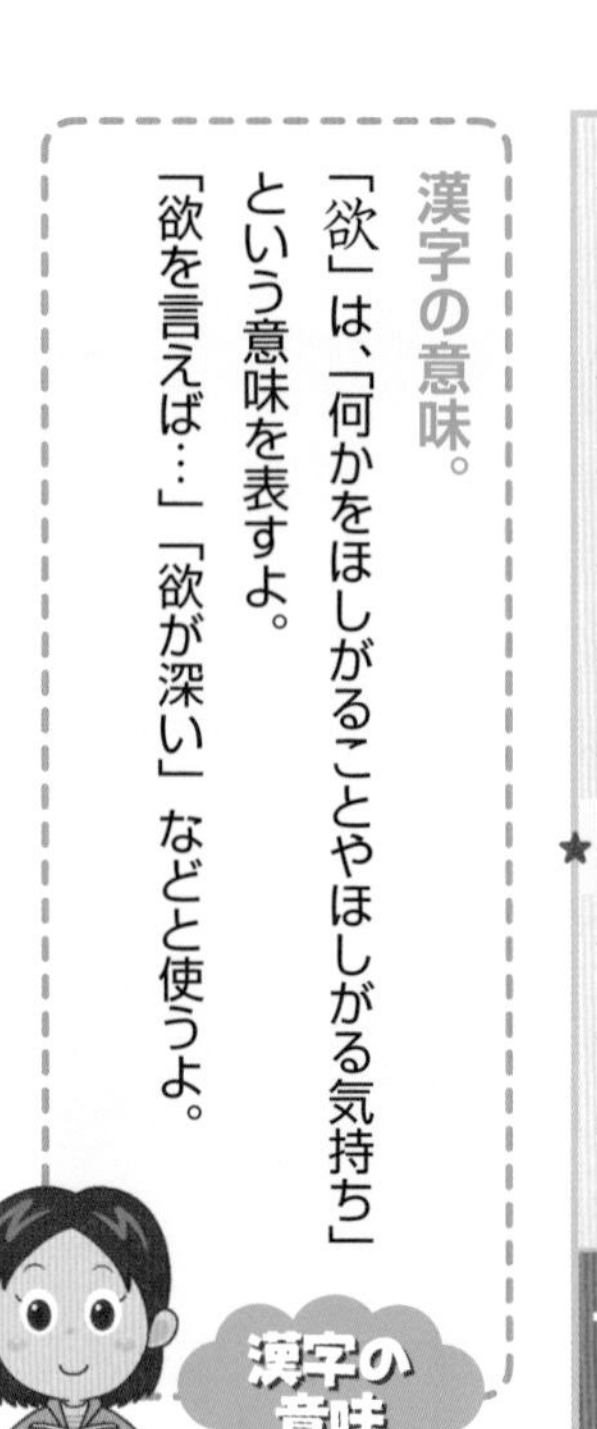

10画

使い方

株式会社（かぶしきがいしゃ）・株分け（かぶわけ）

読み方が新しい漢字

136ページ	136	136	137
顔 ガン	玉 ギョク	楽 ラク	一 イッ
洗顔（せんがん）	玉石（ぎょくせき）	苦楽（くらく）	画一的（かくいってき）

ものしりメモ 「株」は、「木」（きへん）に「朱」だよ。まちがえて「未」と書かないように気をつけよう。

練習のワーク

熟語の成り立ち

教科書 136〜137ページ　答え 4ページ

勉強した日　月　日

1 新しい漢字を読みましょう。

136ページ

① 市内を（　　）縦横に走る電車。

② 山頂（　　）にたどり着く。

③ 洗顔（　　）をする。

④ 忠誠（　　）をちかう。

⑤ 強敵（　　）にあう。

⑥ 養蚕（　　）で栄えた町。

⑦ 玉石（　　）がまじる。

⑧ 自己（　　）しょうかいをする。

⑨ 朝から（　　）除雪する。

⑩ 苦楽（　　）を共にする。

⑪ 仁愛（　　）の心を育む。

⑫ 温泉（　　）旅館にとまる。

⑬ 裏庭（　　）に花を植える。

⑭ 銀河系（　　）にある星。

⑮ 国連の（　　）加盟国。

⑯ 意欲的（　　）に取り組む。

⑰ 画一的（　　）な考え。

⑱ 株式会社（　　）を設立する。

ここから発展

✿⑲ 縦（　　）の長さを測る。

✿⑳ 感謝の言葉を（　　）頂く。

✿㉑ 泉（　　）の水を飲む。

✿の漢字は新出漢字の別の読み方です。

2 新しい漢字を書きましょう。

① 136ページ 世界中を［じゅうおう］にかけ回る。

② ［さんちょう］まで登る。

③ おふろで［せんがん］をする。

④ ［ちゅうせい］をつくす。

⑤ ［きょうてき］に立ち向かう。

⑥ ［ようさん］農家の暮らし。

⑦ ［ぎょくせき］混交の作品集。

⑧ ［じこ］主張をする。

⑨ ［じょせつ］作業をする。

⑩ 人生の［くらく］。

⑪ ［じんあい］の教え。

⑫ ［おんせん］につかる。

⑬ ［うらにわ］に出る。

⑭ ［ぎんがけい］のかなた。

⑮ ［かめいこく］が拡大する。

⑯ ［いよくてき］に動く。

⑰ ［かくいつてき］な視点。

⑱ ［かぶしきがいしゃ］。

ここから発展

＊⑲ ［たて］書きの文章を読む。

＊⑳ おかしを［いただ］く。

＊㉑ 森の［いずみ］に向かう。

3 漢字で書きましょう。（～～は、送り仮名も書きましょう。太字は、この回で習った漢字を使った言葉です。）

1 しがいちをじゅうおうにはしるどうろ。

2 さんちょうからのふうけい。

3 まいあさせんがんをする。

4 つぎのたいせんあいてはきょうてきだ。

5 ようさんのしごとをまなぶ。

6 けっかにじこまんぞくする。

7 いえのまわりをじょせつする。

8 なかまとくらくをともにする。

9 じんあいのせいしんでせっする。

10 おんせんりょかんをよやくする。

11 うらにわでおおがたけんをかう。

12 ぎんがけいのほしをかんさつする。

13 かめいこくのいちらんひょうをみる。

14 ぎょうじにいよくてきにさんかする。

15 かぶしきがいしゃにつとめる。

基本のワーク

みんなで楽しく過ごすために
話し言葉と書き言葉

教科書 140〜149ページ

勉強した日 月 日

◆「読み方」の赤い字は教科書で使われている読みです。★はまちがえやすい漢字です。

みんなで楽しく過ごすために

善（くち）141ページ　12画
読み方：ゼン／よい
使い方：改善点（かいぜんてん）・善意（ぜんい）・最善（さいぜん）／善（よ）い行い

班（おうへん・たまへん）141ページ　10画
読み方：ハン
使い方：班（はん）の人・班員（はんいん）・班長（はんちょう）

危（ふしづくり）141ページ　6画
読み方：キ／あぶない／（あやうい）（あやぶむ）
使い方：危険（きけん）・危機（きき）／危（あぶ）ない目にあう

割（りっとう）142ページ　12画
読み方：（カツ）／わる・わり・われる／（さく）
使い方：竹を割（わ）る・役割（やくわり）・割合（わりあい）／ガラスが割（わ）れる

否（くち）146ページ　7画
読み方：ヒ／（いな）
使い方：否定的（ひていてき）・安否（あんぴ）

漢字の意味。

「否」は、下の語の意味を打ち消すはたらきがある漢字で、「…でない」という意味を表すよ。

また、他の漢字に付いて反対の意味を表すよ。

例 否決・否定／安否・可否・賛否

筆順 1 2 3 4 5 まちがえやすいところ…★

147ページ

至（いたる）

至　6画

読み方：シ／いたる

使い方：至急（しきゅう）・夏至（げし）・冬至（とうじ）／頂上に至る（いた）

とめる　下を長く

147ページ

宅（うかんむり）

宅　6画

読み方：タク／―

使い方：帰宅（きたく）・宅配便（たくはいびん）

立てる　はねる

147ページ

糖（こめへん）

糖　16画

読み方：トウ／―

使い方：砂糖（さとう）・糖分（とうぶん）

立てる　つき出す　とめる　はらう

147ページ

紅（いとへん）

紅　9画

読み方：コウ・(ク)／べに・(くれない)

使い方：紅茶（こうちゃ）・紅白（こうはく）／紅色（べにいろ）・口紅（くちべに）

はらう　とめる　下を長く

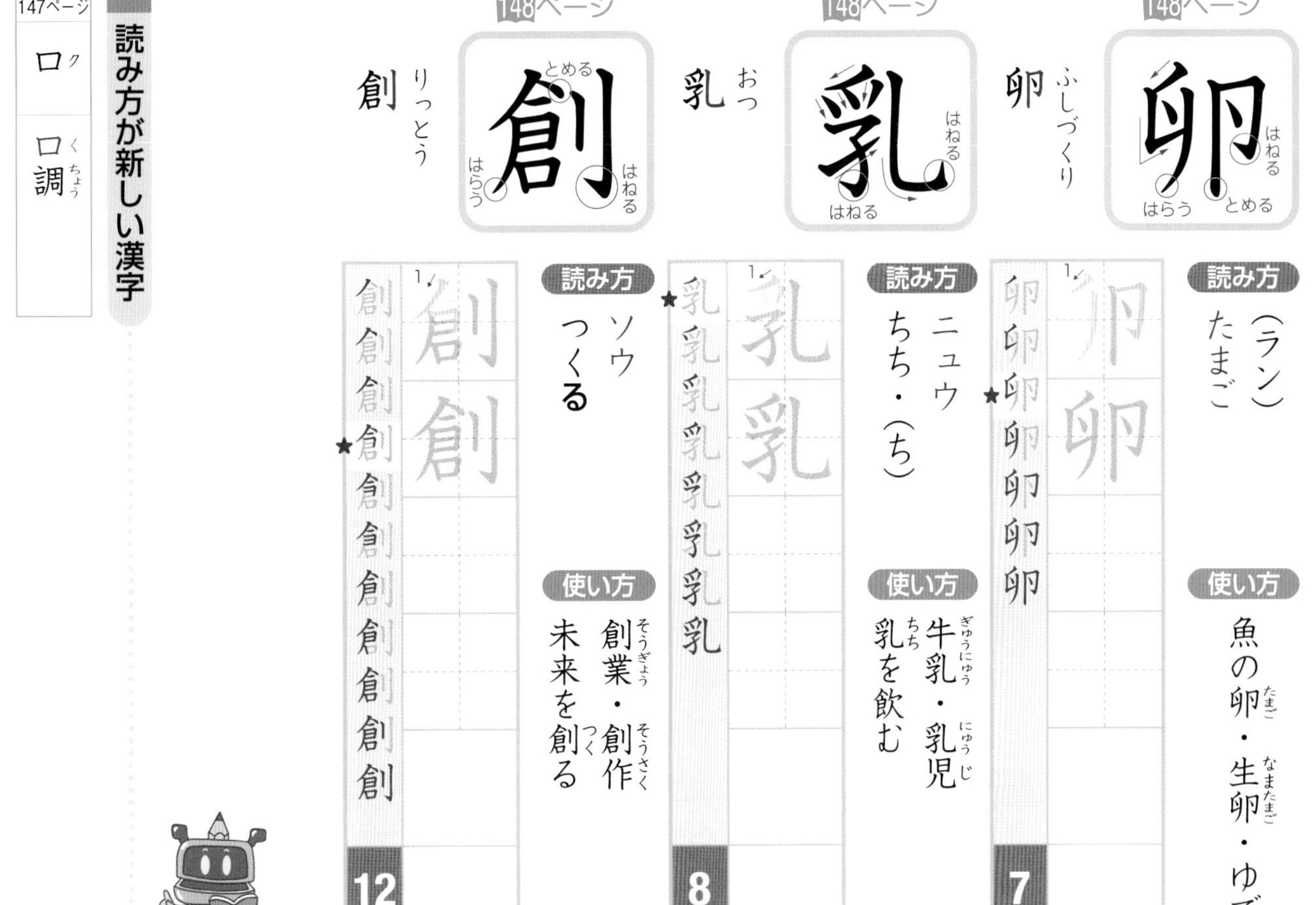

148ページ

卵（ふしづくり）

卵　7画

読み方：(ラン)／たまご

使い方：魚の卵（たまご）・生卵（なまたまご）・ゆで卵（たまご）

はねる　はらう　とめる

148ページ

乳（おつ）

乳　8画

読み方：ニュウ／ちち・(ち)

使い方：牛乳（ぎゅうにゅう）・乳児（にゅうじ）／乳を飲む（ちち）

はねる　はねる

148ページ

創（りっとう）

創　12画

読み方：ソウ／つくる

使い方：創業（そうぎょう）・創作（そうさく）／未来を創る（つく）

とめる　はらう　はねる

読み方が新しい漢字

147ページ

口（ク）

口調（くちょう）

ものしりメモ

「紅」を使った言葉に、「紅一点（こういってん）」があるよ。緑の草木の中に一輪の赤い花がさいていることから、「たくさんの男性の中に女性が一人いること」を表すよ。

練習のワーク

みんなで楽しく過ごすために
話し言葉と書き言葉

教科書 140～149ページ
答え 5ページ

勉強した日　月　日

1 新しい漢字を読みましょう。

140ページ

① 改善点（　　）を明らかにする。
② 班（　　）ごとに考える。
③ 危険（　　）のない遊び。
④ 役割（　　）を決める。
⑤ 否定的（　　）な意見。
⑥ 口調（　　）に気をつける。
⑦ 至急（　　）会場に向かう。
⑧ すぐに帰宅（　　）する。
⑨ 砂糖（　　）を入れる。
⑩ 紅茶（　　）を出す。

148ページ

⑪ 地元産の卵（　　）。
⑫ 牛乳（　　）にこだわる。
⑬ 創業（　　）以来の愛用品。

ここから発展

＊⑭ 善（　　）い行いをする。
＊⑮ 危（　　）ない道。
＊⑯ 山頂に至（　　）る。
＊⑰ 口紅（　　）をぬる。

2 新しい漢字を書きましょう。

✿の漢字は新出漢字の別の読み方です。

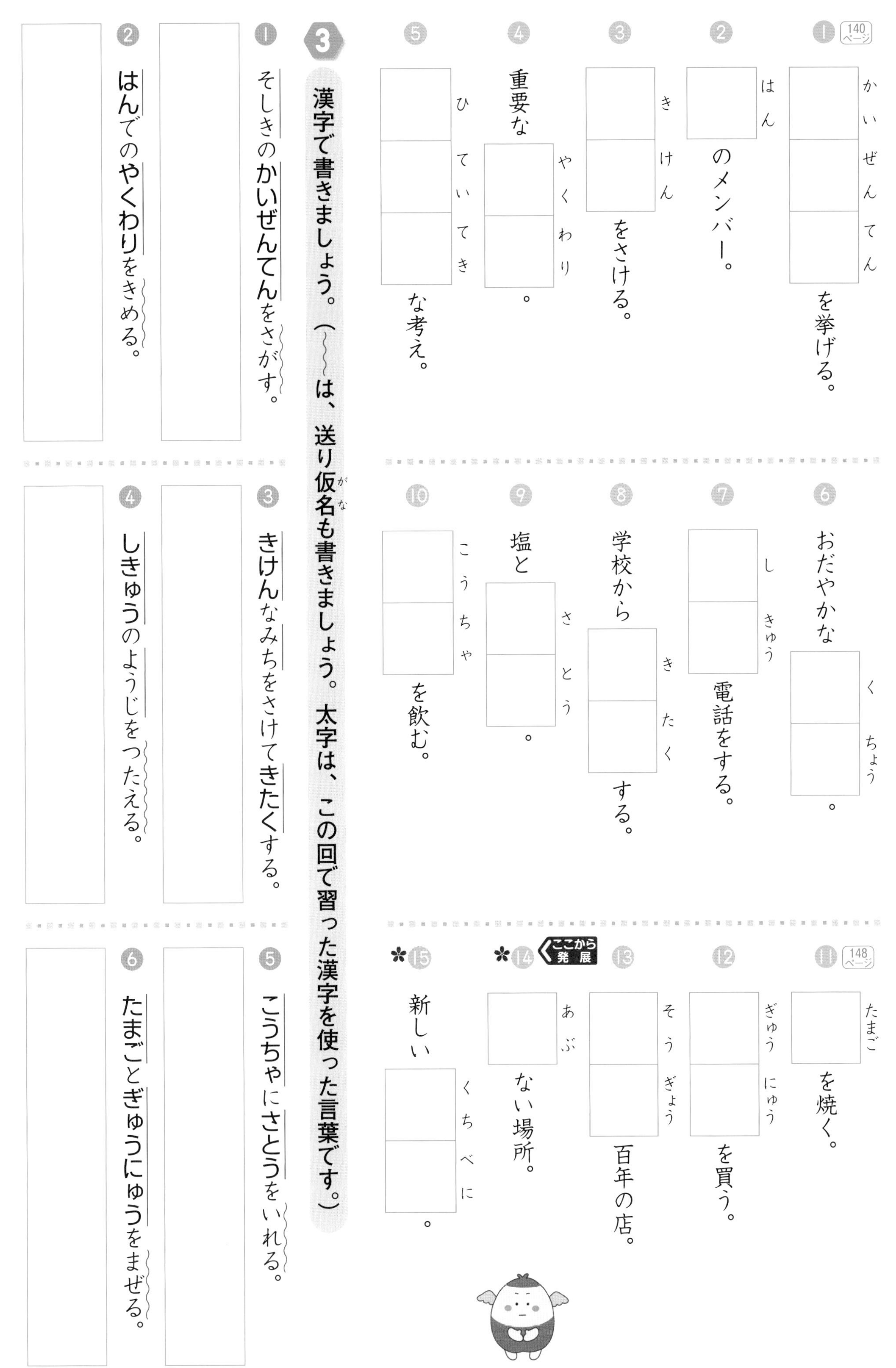

140ページ

1 （かいぜんてん）を挙げる。

2 （はん）のメンバー。

3 （きけん）をさける。

4 重要な（やくわり）。

5 （ひていてき）な考え。

6 おだやかな（くちょう）。

7 （しきゅう）電話をする。

8 学校から（きたく）する。

9 塩と（さとう）。

10 （こうちゃ）を飲む。

148ページ

11 （たまご）を焼く。

12 （ぎゅうにゅう）を買う。

13 （そうぎょう）百年の店。

ここから発展

✿14 （あぶ）ない場所。

✿15 新しい（くちべに）。

3 漢字で書きましょう。（～～は、送り仮名（がな）も書きましょう。太字は、この回で習った漢字を使った言葉です。）

1 そしきのかいぜんてんをさがす。

2 はんでのやくわりをきめる。

3 きけんなみちをさけてきたくする。

4 しきゅうのようじをつたえる。

5 こうちゃにさとうをいれる。

6 たまごとぎゅうにゅうをまぜる。

古典芸能の世界 狂言「柿山伏」を楽しもう

教科書 150～154ページ

勉強した日 月 日

◆「読み方」の赤い字は教科書で使われている読みです。👀はまちがえやすい漢字です。

150ページ
奏 だい（はらう・とめる）
読み方：ソウ（かなでる）
使い方：伴奏（ばんそう）・演奏（えんそう）・合奏（がっそう）
9画

覚えよう！
「奏」を使った慣用句。
功を奏する…物事がうまくいく。成功する。
例 作戦が功を奏する。
「奏功する」ということもあるよ。

151ページ
誕 ごんべん（あける・×王・二画）
読み方：タン
使い方：誕生（たんじょう）・生誕（せいたん）
15画

153ページ
困 くにがまえ（とめる）
読み方：コン こまる
使い方：困苦（こんく）・困難（こんなん）・返事に困（こま）る
7画

154ページ
看 め 👀（一番長く）
読み方：カン
使い方：看病（かんびょう）・看板（かんばん）
9画

でき方
漢字のでき方。
看 手…「手」を表す。目…「め」を表す。
目の上に手をかざして見ることから、「見る・見守る」という意味を表すよ。

筆順 1 2 3 4 5 まちがえやすいところ…★

練習のワーク

古典芸能の世界　狂言「柿山伏」を楽しもう

教科書 150～154ページ

答え 5ページ

勉強した日　月　日

1 新しい漢字を読みましょう。

❶ (150ページ) 伴奏（　　）に合わせる。

❷ 江戸（えど）時代に誕生（　　）した演劇（げき）。

❸ (152ページ) 困（　　）ることはない。

❹ けが人を看病（　　）する。

✿❺ (ここから発展) 困難（　　）に立ち向かう。

2 新しい漢字を書きましょう。〔　〕は、送り仮名（がな）も書きましょう。

❶ (150ページ) ピアノの伴（ばん）［そう］。

❷ 日本で［たんじょう］した料理。

❸ (152ページ) 道に迷って〔こまる〕。

❹ 弟を［かんびょう］する。

✿❺ (ここから発展) ［こんなん］に負けない。

3 漢字で書きましょう。（～～は、送り仮名も書きましょう。太字は、この回で習った漢字を使った言葉です。）

❶ がっしょうきょくのばん**そう**をする。

❷ ちょうなんが**たんじょう**する。

❸ しげんぶそくで**こまる**。

✿の漢字は新出漢字の別の読み方です。

筆者の工夫をとらえて読み、それをいかして書こう

基本のワーク

『鳥獣戯画（ちょうじゅうぎが）』を読む
発見、日本文化のみりょく

◆「読み方」の赤い字は教科書で使われている読みです。●はまちがえやすい漢字です。

教科書 155～169ページ

勉強した日　月　日

『鳥獣戯画』を読む

156ページ　筋（たけかんむり）

はねる

読み方：キン　すじ

使い方：筋肉（きんにく）・鉄筋（てっきん）　いく筋（すじ）・筋道（すじみち）

12画

漢字の意味。

「筋」には、いろいろな意味があるよ。

①動物の体にあるすじ状の組織。例 筋肉・背筋
②物の骨組み（ほねぐみ）になる中心部。例 筋金・鉄筋
③細長いもの。ひと続きのもの。例 青筋・血筋
④物事の道理。あらまし。例 筋道・本筋

漢字の意味

156ページ　盛（さら）

わすれない　はねる　はねる　長く

読み方：（セイ）（ジョウ）　もる　（さかる）（さかん）

使い方：盛（も）り上がる・皿に盛（も）る

11画

157ページ　骨（ほね）

はねる　とめる

読み方：コツ　ほね

使い方：骨格（こっかく）・骨折（こっせつ）　動物の骨（ほね）

10画

漢字のでき方。

盛　成…「もり上げる」ことを表す。　皿…「さら」を表す。

「物を容器にもる・勢いが強くさかんだ」という意味を表すよ。

でき方

筆順に注意。

骨　続けて一画で書くよ。

骨　二画に分けて書くよ。

注意！

筆順 1 2 3 4 5　（まちがえやすいところ）…★

157ページ

巻 おのれ

読み方
カン
まく・まき

使い方
甲巻（こうかん）・巻末（かんまつ）・全巻（ぜんかん）
取り巻（ま）く・巻物（まきもの）

9画

注意！
形の似ている漢字。
巻（カン） 例 全巻・第一巻
券（ケン） 例 券売機・入場券

157ページ

宝 うかんむり

立てる　はねる　わすれない　一番長く

読み方
ホウ
たから

使い方
国宝（こくほう）・宝石（ほうせき）
宝物（たからもの）（ほうもつ）・宝探（たからさが）し

8画

覚えよう！

「宝」を使った慣用句。

宝の持ちぐされ…役に立つものを、使わないままもっていることのたとえ。また、すぐれた才能や技術をもちながら、活用しないままでいることのたとえ。

167ページ

郷 おおざと

点をつけない　はねる　はらう

読み方
キョウ・（ゴウ）
―

使い方
郷土（きょうど）・郷里（きょうり）・故郷（こきょう）

11画

注意！
漢字の形に注意。
郷
「乡」の部分を「幺」と書いたり、「良」と書いたりしないでね。部首の「阝」（おおざと）の筆順や画数にも注意しよう。

168ページ

敬 ぼくにょう のぶん

はらう　はねる

読み方
ケイ
うやまう

使い方
敬語（けいご）・敬老（けいろう）・尊敬（そんけい）
自然を敬（うやま）う

12画

覚えよう！

似た意味の漢字。

敬…うやまう。

尊…たっとぶ。とうとぶ。

合わせて「尊敬」という熟語にもなるよ。

ものしりメモ
「筋」は「竹」+「肋」（すじばったあばら）を組み合わせてできた漢字で、竹のふしのように体に出る「すじ」「筋肉」の意味を表すよ。部首は「⺮」（たけかんむり）なので注意。

筆者の工夫をとらえて読み、それをいかして書こう

練習のワーク

『鳥獣戯画(ちょうじゅうぎが)』を読む　発見、日本文化のみりょく

教科書 155〜169ページ　答え 5ページ

勉強した日　月　日

1 新しい漢字を読みましょう。

① 155ページ　いく（　）筋かの線。
② 背中が（　）盛り上がる。
③ （　）骨格を正確に描(えが)く。
④ 甲(こう)（　）巻の一場面。
⑤ （　）国宝を展示する。
⑥ 166ページ　（　）郷土料理を食べる。
⑦ 自然を（　）敬う。
✿⑧ ここから発展　（　）筋肉をつける。
✿⑨ 魚の（　）骨を取る。
✿⑩ 古い（　）巻物を読む。
✿⑪ （　）宝物を探す。
✿⑫ （　）敬語を正しく使う。

2 新しい漢字を書きましょう。〔　〕は、送り仮名(がな)も書きましょう。

① 155ページ　□(すじ)をのばす。
② 行事が〔　(もり)　〕上がる。
③ 動物の□□(こっかく)。

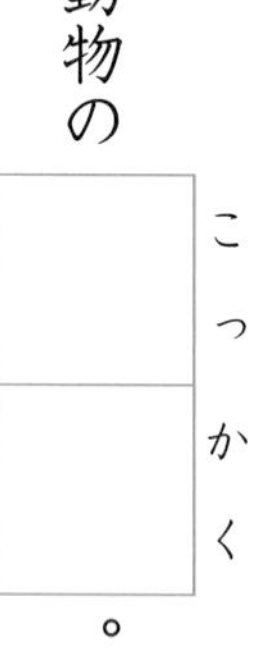

✿の漢字は新出漢字の別の読み方です。

4 甲（こう）［かん］から読む。

5 ［こくほう］に指定される。

6 166ページ ［きょうど］料理の店。

7 目上の人を［うやまう］。

ここから発展

＊8 体の［きんにく］。

＊9 きょうりゅうの［ほね］の化石。

＊10 ［まきもの］が見つかる。

＊11 ［たからもの］をしまう。

＊12 ［けいご］で話す。

3 漢字で書きましょう。（〰は、送り仮名も書きましょう。太字は、この回で習った漢字を使った言葉です。）

1 いく**すじ**ものひかりがてらす。

2 ちゃわんにごはんを**もる**。

3 ないぞうをまもる**こっかく**。

4 **かんまつ**のさくひんかいせつをよむ。

5 きちょうな**こくほう**をみる。

6 **きょうど**のでんとうこうげい。

7 がくせいじだいのおんしを**うやまう**。

基本のワーク

カンジー博士の漢字学習の秘伝
漢字の広場④

教科書 170〜172ページ

勉強した日　月　日

◆「読み方」の赤い字は教科書で使われている読みです。は まちがえやすい漢字です。

カンジー博士の漢字学習の秘伝

秘（170ページ）のぎへん　秘
とめる　はねる

読み方：ヒ　（ひめる）

使い方：秘伝（ひでん）・秘密（ひみつ）・神秘（しんぴ）

10画

聖（171ページ）みみ　聖
つき出さない　一番長く

読み方：セイ　―

使い方：聖火（せいか）・聖地（せいち）

13画

漢字の意味。
「聖」には、いろいろな意味があるよ。
①ちえや人徳がある立派な人。　例 聖人
②その道に特にひいでた人。　例 詩聖
③清らかでけがれがない。　例 神聖

絹（171ページ）いとへん　絹
はらう　とめる　はねる

読み方：（ケン）　きぬ

使い方：絹（きぬ）の布・絹糸（きぬいと）・絹織物（きぬおりもの）

13画

拝（171ページ）てへん　拝
長く　はねる

読み方：ハイ　おが**む**

使い方：拝見（はいけん）・参拝（さんぱい）　地蔵を拝（おが）む

8画

漢字の形に注意。
拝　横棒の数は四本だよ。

筆順 1 2 3 4 5　まちがえやすいところ…★

鋼

171ページ

かねへん 鋼

とめる／はねる

読み方
コウ（はがね）

使い方
鉄鋼（てっこう）・鋼材（こうざい）

16画

注意！

同じ読み方の言葉。

鉄鋼（てっこう）…船や機械などをつくる鉄の材料。 例 鉄鋼業

鉄鉱（てっこう）…鉄の原料となる鉱石。 例 鉄鉱石

亡

171ページ

なべぶた けいさんかんむり 亠

立てる／つき出す／とめる

読み方
ボウ・（モウ）（ない）

使い方
死亡（しぼう）・亡命（ぼうめい）

3画

干

171ページ

かん いちじゅう 干

下を長く

読み方
カン ほす・（ひる）

使い方
干害（かんがい）・干潮（かんちょう） 梅干（うめぼ）し

3画

衆

171ページ

ち 衆

つける／はらう／とめる

読み方
シュウ・（シュ）

使い方
観衆（かんしゅう）・衆議院（しゅうぎいん）

12画

注意！

筆順に注意。

「衆」の「乑」の部分は、「ノ 𠂊 乑 …」の順に書くよ。真ん中から書くことに注意しよう。

郵

171ページ

おおざと 阝

はねる

読み方
ユウ

使い方
郵便（ゆうびん）・郵送（ゆうそう）

11画

注意！

筆順に注意。

「郵」の「垂」の部分は、「一 二 千 壬 …垂」の順に書くよ。部首の「阝」（おおざと）は、三画で書くよ。

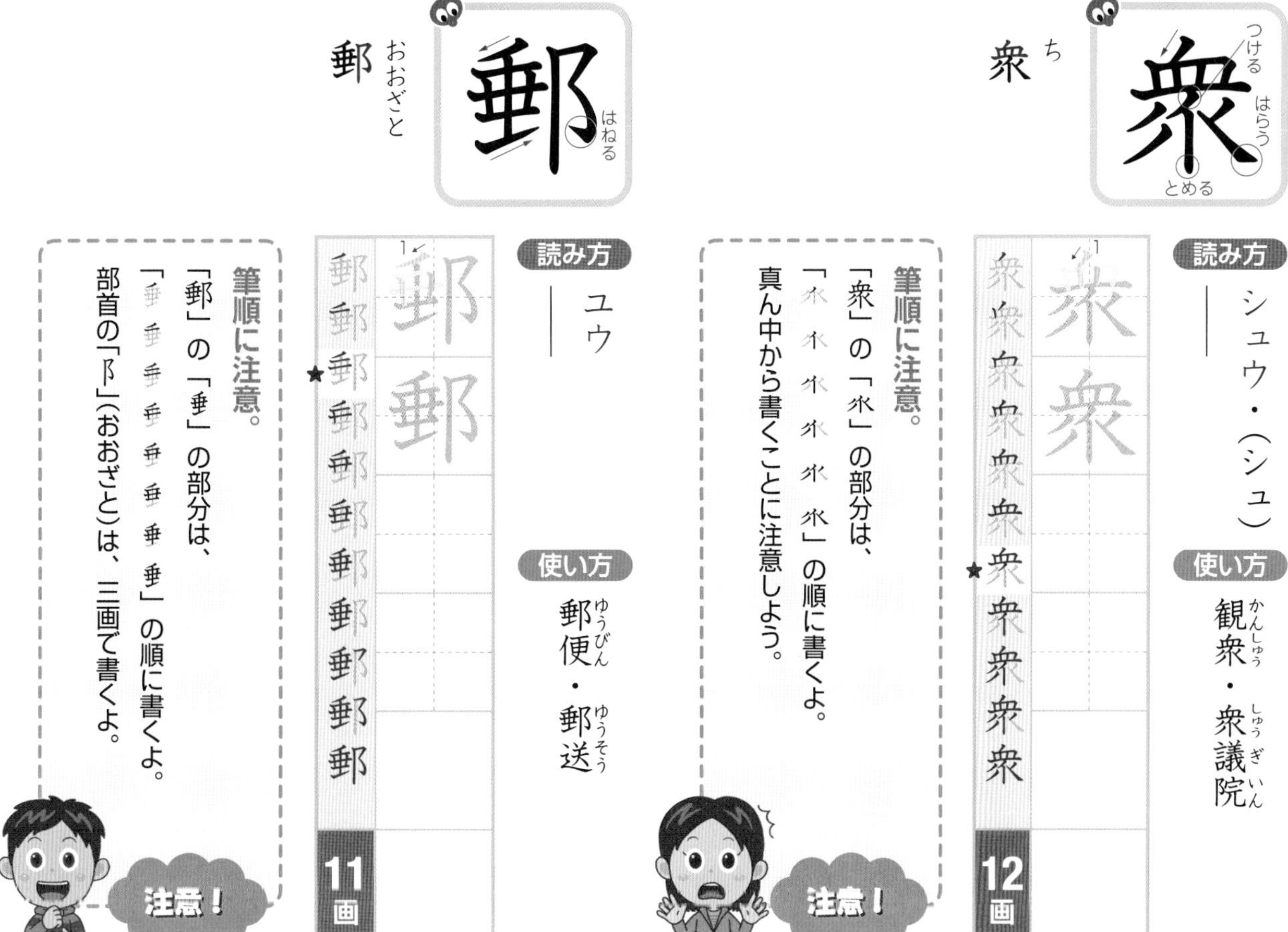

ものしりメモ

「干」（カン）は「千」（セン）と形がよく似ているね。正しい書き方で区別しよう。一画目のちがいがポイント。「干」は左から右へ、「千」は右から左下へ書くよ。

賃

171ページ

賃 かい

読み方
チン
―

使い方
家賃（やちん）・賃金（ちんぎん）・運賃（うんちん）

13画

孝

171ページ

孝 こ

読み方
コウ
―

使い方
孝行（こうこう）・忠孝（ちゅうこう）

7画

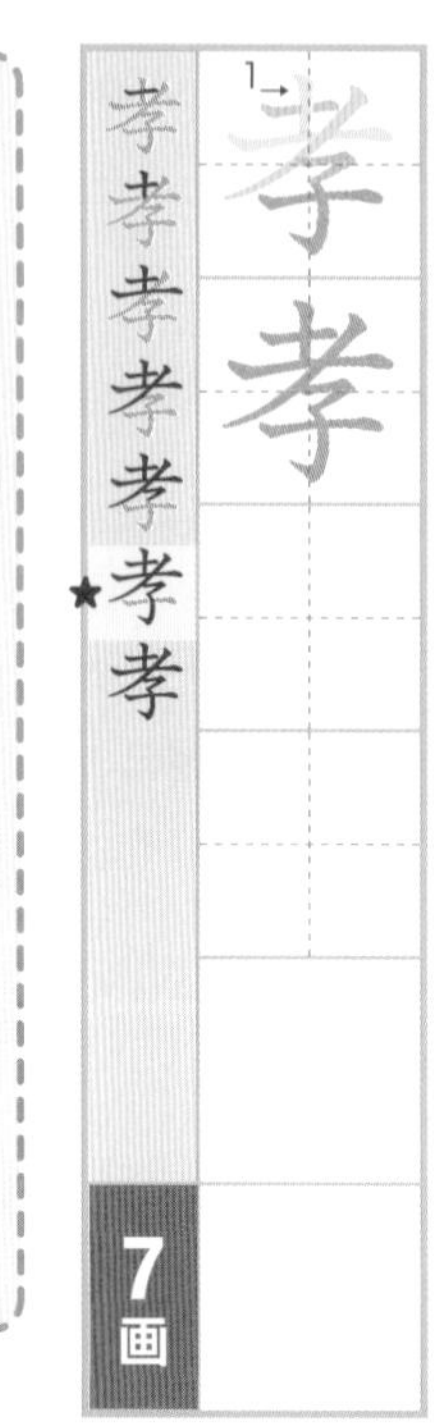

形の似ている漢字。
孝（コウ）……部首は「子」（こ）。
考（コウ／かんが-える）
老（ロウ／お-いる）
部首は「耂」（おいかんむり）。

注意！

預

171ページ

預 おおがい

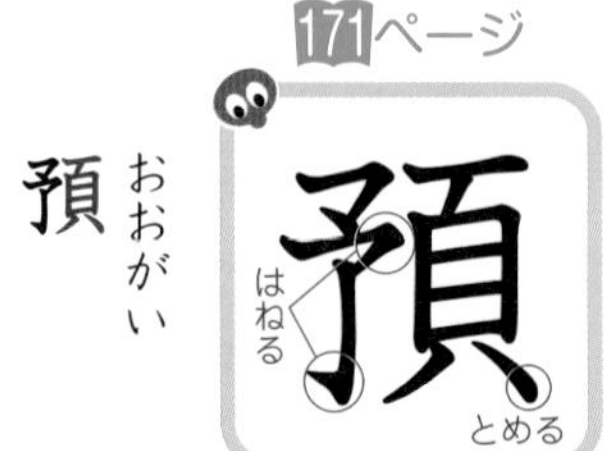

読み方
ヨ
あずける・あずかる

使い方
預金（よきん）・荷物を預ける（あずける）
手紙を預かる（あずかる）

13画

穀

171ページ

穀 のぎへん

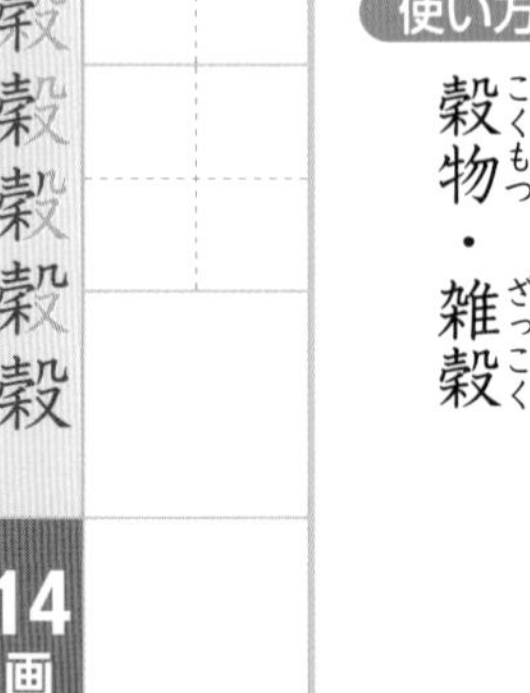

読み方
コク
―

使い方
穀物（こくもつ）・雑穀（ざっこく）

14画

俵

171ページ

俵 にんべん

読み方
ヒョウ
たわら

使い方
五俵（ごひょう）・土俵（どひょう）
米俵（こめだわら）

10画

漢字のでき方。
俵　表…「おもて」を表す。
亻…「人」を表す。
人が米などをつめて外に出すときに使う「わらなどで編んだ大きなふくろ」を表すよ。

でき方

読み方が新しい漢字

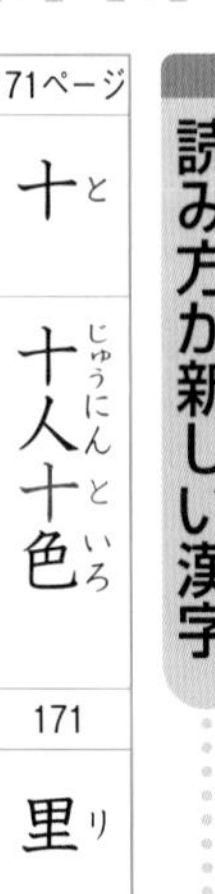

171ページ
十（と）
十人十色（じゅうにんといろ）
171
里（り）
郷里（きょうり）

ものしりメモ
「穀物」とは、種子を食べるために育てられる作物のこと。米・麦・あわ・ひえ・きびなど、いろいろな穀物があるよ。

練習のワーク

カンジー博士の漢字学習の秘伝
漢字の広場④

教科書 170〜172ページ　答え 5ページ

勉強した日　月　日

1 新しい漢字を読みましょう。

❶ 170ページ 秘伝（　）をさずける。
❷ 聖火（　）ランナー。
❸ 絹（　）の歴史を学ぶ。
❹ 初日の出を拝（　）む。
❺ 鉄鋼（　）を輸出する。
❻ 十人十色（　）の考え方。
❼ 死亡（　）事故の原因。
❽ 梅干（　）しを作る。
❾ 母の郷里（　）に帰る。
❿ 観衆（　）がどよめく。
⓫ 郵便（　）配達の仕事。
⓬ 家賃（　）をはらう。
⓭ 孝行（　）を心がける。
⓮ 銀行に預金（　）する。
⓯ 米は穀物（　）の一種だ。
⓰ 米俵（　）を積む。
ここから発展
✿⓱ 作品を拝見（　）する。
✿⓲ 干害（　）が広がる。
✿⓳ お金を預（　）ける。
✿⓴ 力士が土俵（　）に上がる。

✿の漢字は新出漢字の別の読み方です。

2 新しい漢字を書きましょう。〔　〕は、送り仮名(がな)も書きましょう。

① 170ページ □□(ひでん)のわざを学ぶ。

② □□(せいか)をともす。

③ □(きぬ)のハンカチ。

④ 仏像を〔　　(おがむ)　　〕。

⑤ □□(てっこう)でできたビル。

⑥ □□□□(じゅうにんといろ)。

⑦ 病気で□□(しぼう)する。

⑧ 〔　　(うめぼし)　　〕を食べる。

⑨ □□(きょうり)を後にする。

⑩ 多くの□□(かんしゅう)を集める。

⑪ □□(ゆうびん)が届く。

⑫ □□(やちん)が高くなる。

⑬ 親に□□(こうこう)する。

⑭ □□(よきん)通帳を開く。

⑮ □□(こくもつ)を食べる。

⑯ □□(こめだわら)を倉庫に入れる。

ここから発展

✿⑰ 手紙を□□(はいけん)する。

✿⑱ いすに体を□(あず)ける。

3 漢字の広場 五年生で習った漢字を書きましょう。〔　〕は、送り仮名も書きましょう。

① □□□□(ばんぐみせいさく)。

② □□(ていあん)に同意する。

③ □□(しりょう)を配る。

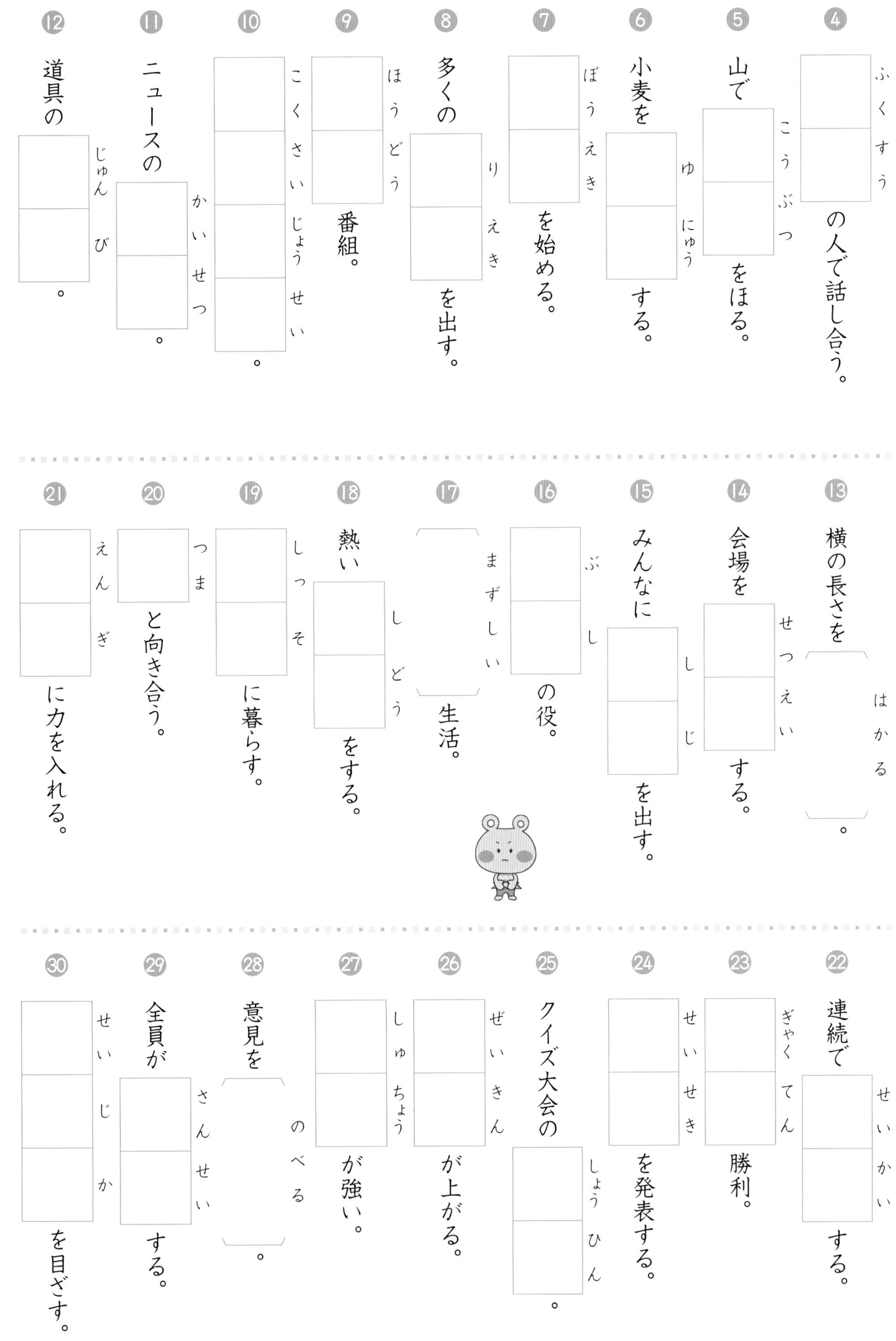

④ □□（ふくすう）の人で話し合う。

⑤ 山で□□（こうぶつ）をほる。

⑥ 小麦を□□（ゆにゅう）する。

⑦ □□（ぼうえき）を始める。

⑧ 多くの□□（りえき）を出す。

⑨ □□（ほうどう）番組。

⑩ □□□□（こくさいじょうせい）。

⑪ ニュースの□□（かいせつ）。

⑫ 道具の□□（じゅんび）。

⑬ 横の長さを（はかる）。

⑭ 会場を□□（せつえい）する。

⑮ みんなに□□（しじ）を出す。

⑯ □□（ぶし）の役。

⑰ （まずしい）生活。

⑱ 熱い□□（しどう）をする。

⑲ □□（しっそ）に暮らす。

⑳ □（つま）と向き合う。

㉑ □□（えんぎ）に力を入れる。

㉒ 連続で□□（せいかい）する。

㉓ □□（ぎゃくてん）勝利。

㉔ □□（せいせき）を発表する。

㉕ クイズ大会の□□（しょうひん）。

㉖ □□（ぜいきん）が上がる。

㉗ □□（しゅちょう）が強い。

㉘ 意見を（のべる）。

㉙ 全員が□□（さんせい）する。

㉚ □□□（せいじか）を目ざす。

基本のワーク

ぼくのブック・ウーマン
おすすめパンフレットを作ろう

教科書 173〜193ページ

勉強した日　月　日

◆「読み方」の赤い字は教科書で使われている読みです。

ぼくのブック・ウーマン

174ページ

訳（ごんべん）11画

読み方：ヤク　わけ

使い方：日本語の訳（やく）・訳者（やくしゃ）・通訳（つうやく）　言い訳（わけ）

178ページ

忘（こころ）7画

読み方：（ボウ）　わすれる

使い方：道を忘（わす）れる・忘（わす）れ物

形の似ている漢字。
忘（わす-れる）　例 算数の宿題を忘れる。
亡（ボウ）　例 となりの国へ亡命する。

注意！

179ページ

暖（ひへん）13画

読み方：ダン　あたたか・あたたかい　あたたまる・あたためる

使い方：暖炉（だんろ）・暖流（だんりゅう）・温暖（おんだん）　室内が暖（あたた）まる

おすすめパンフレットを作ろう

同じ読み方の漢字。
暖（あたた）かい ⟷ 寒い　例 暖かい部屋。暖かい季節。
温（あたた）かい ⟷ 冷たい　例 温かい飲み物。温かい家庭。

注意！

192ページ

詞（ごんべん）12画

読み方：シ　—

使い方：作詞（さくし）・歌詞（かし）

筆順 1 2 3 4 5　まちがえやすいところ…★

練習のワーク

ぼくのブック・ウーマン
おすすめパンフレットを作ろう

教科書 173～193ページ　答え 6ページ

勉強した日　月　日

1 新しい漢字を読みましょう。

1 (173ページ) 日本語の訳（　）を読む。
2 目的地への道を忘（　）れる。
3 暖炉（ろ）（　）を囲む。
4 (188ページ) 合唱曲の作詞（　）をする。
*5 ここから発展 言い訳（　）を考える。
*6 部屋を暖（　）める。

2 新しい漢字を書きましょう。〔　〕は、送り仮名も書きましょう。

1 (173ページ) 英文と□（やく）とを見比べる。
2 宿題を〔わすれる〕。
3 □（だん）炉（ろ）に火をつける。
4 (188ページ) 英語で□□（さくし）する。
*5 ここから発展 言い□（わけ）をする。
*6 室内を□（あたた）める。

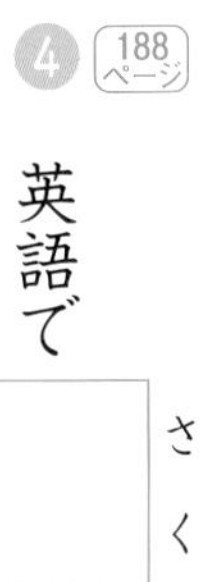
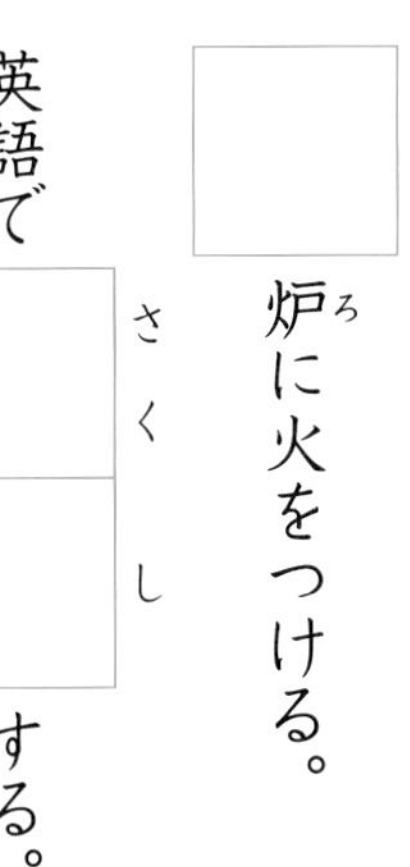
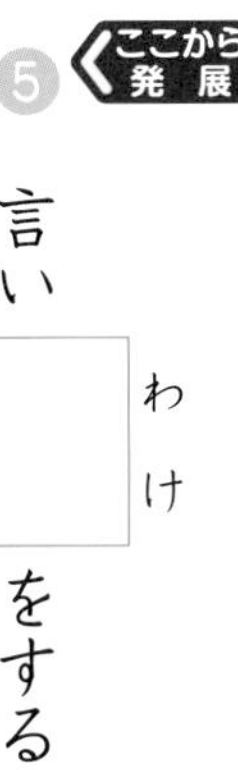

3 漢字で書きましょう。（～～は、送り仮名も書きましょう。太字は、この回で習った漢字を使った言葉です。）

1 がいこくのどうわの**やく**をてがける。
2 やくそくのじかんを**わすれる**。
3 そぼのいえには**だん**ろがある。

✿の漢字は新出漢字の別の読み方です。

冬休み まとめのテスト❶

教科書 98～193ページ
答え 6ページ

時間 20分

得点 /100点

勉強した日 月 日

1 ——線の漢字の読み方を書きましょう。 一つ2（28点）

① 貴重（　）な資料を閲覧（えつ　）する。

② 材料の値上（　）げに向けて対策（　）を練る。

③ コーチからの厳（　）しい言葉に傷（　）つく。

④ 木の棒（　）の寸法（　）を測る。

⑤ 若者（　）の心の痛（　）みに寄りそう。

⑥ 強敵（　）との対戦の機が熟（　）す。

⑦ 温泉（　）旅館の裏庭（　）を歩く。

2 □に漢字を書きましょう。 一つ2（28点）

① □□（じゅえき）を集める。

② □□（はいゆう）の卵。

③ 原因を□□（すいてい）する。

④ 服が（　　）（ちぢむ）。

⑤ 曲（かね）□（じゃく）を使う。

⑥ 本の□□（ひひょう）。

⑦ □□（いしょ）を残す。

⑧ □□（さんちょう）に立つ。

⑨ □□（せんがん）をする。

⑩ □□（ちゅうせい）の精神。

⑪ □□（ようさん）の歴史。

⑫ □□（じんあい）の心。

⑬ □□□（ぎんがけい）。

⑭ □□□（かめいこく）。

3 ――線の言葉を、漢字と送り仮名(がな)で書きましょう。 一つ2(6点)

① ごみを取りのぞく。［　　］

② 店の前でかさをとじる。［　　］

③ 銀行にお金をあずける。［　　］

4 次の漢字の二通りの読み方を書きましょう。 一つ2(16点)

① 筋
1 筋肉をきたえる。（　　）
2 首の筋がこる。（　　）

② 源
1 元気の源は食事だ。（　　）
2 資源ごみを回収する。（　　）

③ 巻
1 三巻を借りる。（　　）
2 巻物を読む。（　　）

④ 宝
1 宝探しをする。（　　）
2 大きな宝石を見つける。（　　）

5 次の熟語の成り立ちをア～エから選び、（　）に記号で答えましょう。 一つ2(12点)

① 作詞（　　）　② 縦横（　　）

③ 翌日（　　）　④ 尊敬（　　）

⑤ 善意（　　）　⑥ 死亡（　　）

ア 意味が対(つい)になる漢字の組み合わせ。

イ 似た意味の漢字の組み合わせ。

ウ 上の漢字が下の漢字を修飾(しょく)する関係にある組み合わせ。

エ 「――を」「――に」に当たる意味の漢字が下に来る組み合わせ。

6 次の漢字の総画数を、（　）に数字で書きましょう。 一つ1(2点)

① 己（　　）画　② 卵（　　）画

7 次の言葉と反対の意味の言葉を、□に漢字で書きましょう。 一つ2(8点)

① 安全 ↕ □□

② 拡大 ↕ □□

③ 入場 ↕ □□

④ 寒流 ↕ □□

冬休み まとめのテスト②

教科書 98〜193ページ
答え 6ページ

時間 20分

得点 /100点
勉強した日 月 日

1 ―線の漢字の読み方を書きましょう。 一つ2（28点）

① 発表の<u>改善点</u>（　　）について<u>班</u>（　　）で話し合う。

② <u>至急</u>（　　）の用事で<u>帰宅</u>（　　）する。

③ <u>卵</u>（　　）をといたものに<u>砂糖</u>（　　）を入れて混ぜる。

④ <u>紅茶</u>（　　）に<u>牛乳</u>（　　）を入れる。

⑤ <u>看病</u>（　　）の手が足りなくて<u>困</u>（　　）る。

⑥ <u>絹</u>（　　）でできた<u>国宝</u>（　　）を見る。

⑦ お弁当に<u>梅干</u>（　　）しを入れることを<u>忘</u>（　　）れる。

2 □は漢字を、（　）は漢字と送り仮名を書きましょう。 一つ2（28点）

① 自分の□□（やくわり）。

② 厳しい□□（くちょう）。

③ ギターの伴（ばん）□（そう）。

④ □□（たんじょう）祝い。

⑤ □（すじ）を通す。

⑥ （　　）（もり）上がる。

⑦ 全身の□□（こっかく）。

⑧ □□（ひでん）の書。

⑨ 朝日を（　　）（おがむ）。

⑩ □□（てっこう）製品。

⑪ 大勢の□□（かんしゅう）。

⑫ □□（ゆうびん）で送る。

⑬ □□（やちん）が上がる。

⑭ □□（こめだわら）を運ぶ。

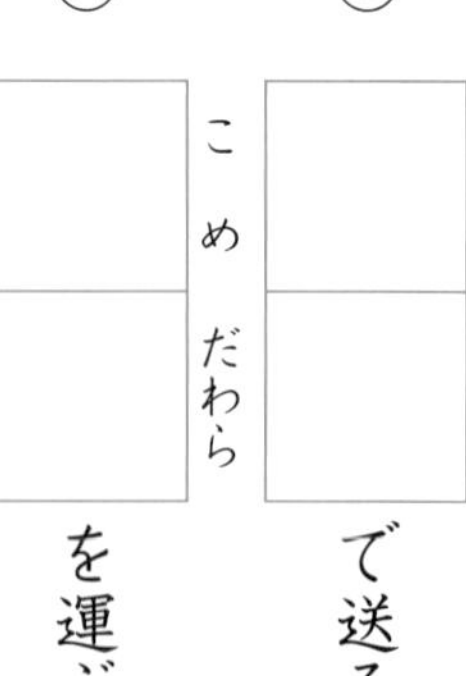

3 次の同じ読み方をする言葉を、漢字と送り仮名で書きましょう。 一つ2(10点)

① あたたかい
1 (　　) 部屋でくつろぐ。
2 (　　) 家庭を築く。

② つくる
1 料理を (　　)。
2 庭園を (　　)。
3 時代を (　　)。

4 次の三字熟語と同じ成り立ちの熟語を、□から選んで□に書きましょう。 一つ2(10点)

① 大規模 □□□
② 非公開 □□□
③ 加盟国 □□□
④ 意欲的 □□□
⑤ 松竹梅 □□□

衣食住　指揮者　縮小化　未完成　新機能

5 次の漢字の部首名を、(　)に書きましょう。 一つ1(4点)

① 郷 (　　)
② 聖 (　　)
③ 熟 (　　)
④ 穀 (　　)

6 漢字の使い方が正しいほうに、〇をつけましょう。 一つ2(8点)

① うわさを {ア (　) 否定 / イ (　) 非定} する。
② {ア (　) 考行 / イ (　) 孝行} な少年に会う。
③ 英語の {ア (　) 通訳 / イ (　) 通約} をする。
④ 王様に {ア (　) 忠聖 / イ (　) 忠誠} をちかう。

7 □にあてはまる漢字を書いて、四字熟語を完成させましょう。 一つ3(12点)

① 油断大□(てき)
② 十人□(と)色
③ 世界□(い)産
④ □(かぶ)式会社

基本のワーク

詩を朗読してしょうかいしよう／知ってほしい、この名言
日本の文字文化／漢字の広場⑤

教科書 196～204ページ

勉強した日　月　日

◆「読み方」の赤い字は教科書で使われている読みです。

詩を朗読してしょうかいしよう

196ページ

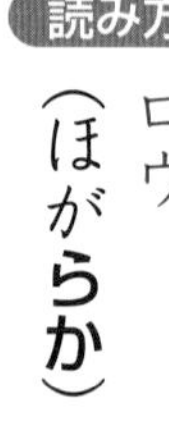

朗　つき

読み方　ロウ　（ほがらか）

使い方　朗読（ろうどく）・朗報（ろうほう）・明朗（めいろう）

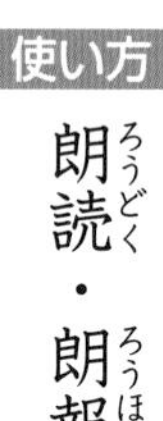

10画

知ってほしい、この名言

198ページ

胸　にくづき

読み方　キョウ　むね・（むな）

使い方　胸囲（きょうい）・胸中（きょうちゅう）　胸（むね）が高鳴る

10画

漢字の形に注意。
「阝」にしないように。
「良」ではないよ。

日本の文字文化

200ページ

片　かた

読み方　（ヘン）　かた

使い方　片仮名（かたかな）・片手（かたて）

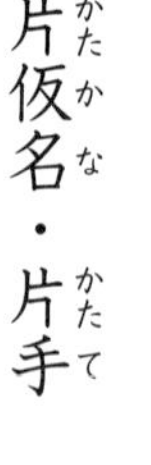

4画

「胸」を使った慣用句。
胸がおどる…心がわくわくする。
胸がすく…せいせいする。さっぱりする。
胸がつぶれる…ひどくおどろき悲しむ。
胸に刻む…忘れないで、心にとどめる。

漢字のでき方。
「片」は、木を縦に半分に切った右側の形からできた漢字で、「かたほう・切れはし」という意味を表すよ。

筆順 1　2　3　4　5　まちがえやすいところ…★

練習のワーク

詩を朗読してしょうかいしよう／知ってほしい、この名言 日本の文字文化／漢字の広場⑤

教科書 196～204ページ　答え 7ページ

勉強した日　月　日

1 新しい漢字を読みましょう。

1 (196ページ) 詩を（　）朗読する。

2 (198ページ) （　）胸を打たれる。

3 (200ページ) （　）片仮名を使う。

✿4 ここから発展 洋服の（　）胸囲。

2 新しい漢字を書きましょう。

1 (196ページ) 物語を［ろうどく］する。

2 (198ページ) ［むね］をなでおろす。

3 (200ページ) ［かた］仮名で書く。

✿4 ここから発展 ［きょうい］を測る。

3 漢字の広場　五年生で習った漢字を書きましょう。〔　〕は、送り仮名も書きましょう。

1 ［がんか］の［いし］。

2 薬が〔きく〕。

3 血を〔とる〕。

✿の漢字は新出漢字の別の読み方です。

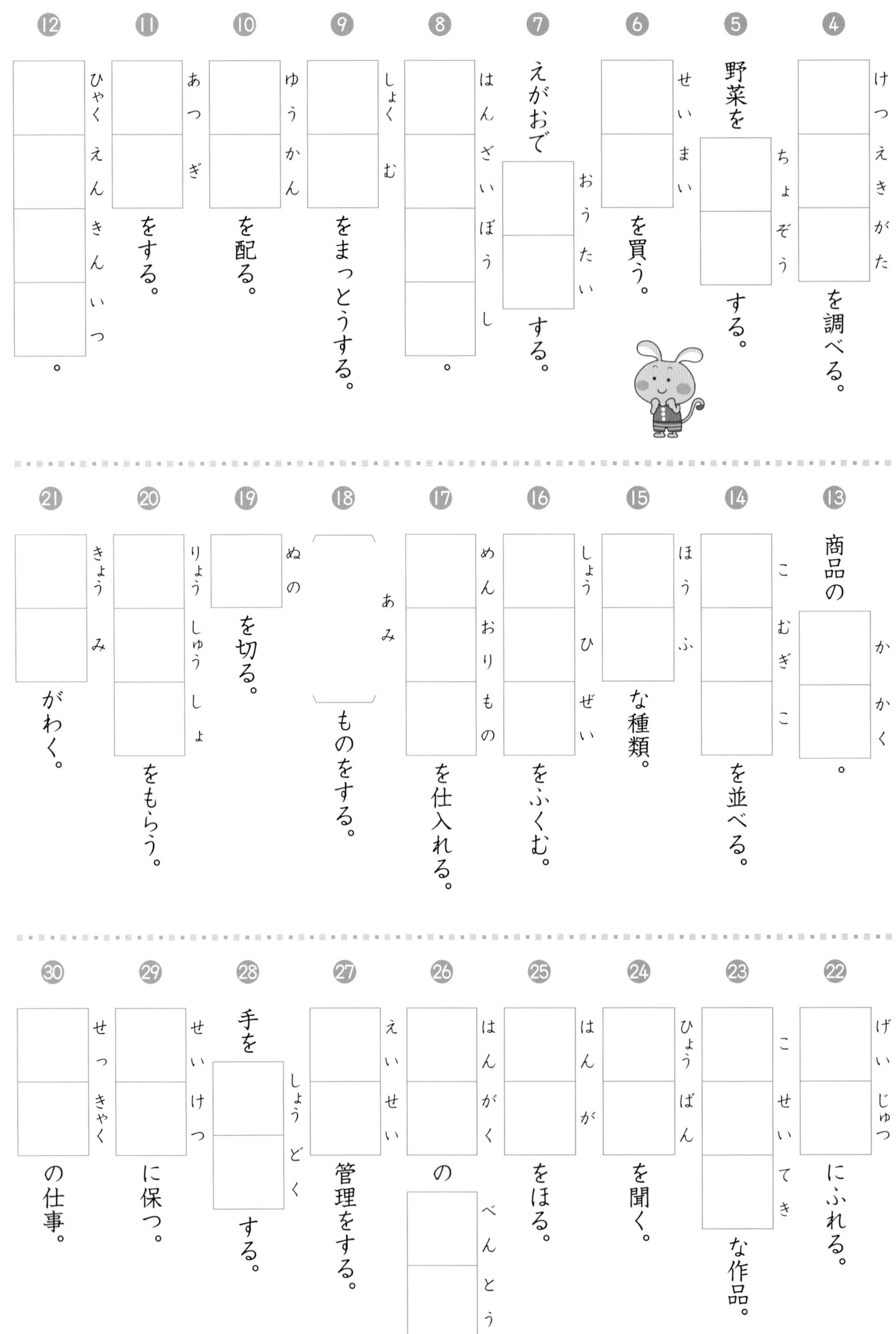

④ （けつえきがた）□□□を調べる。

⑤ 野菜を（ちょぞう）□□する。

⑥ （せいまい）□□を買う。

⑦ えがおで（おうたい）□□する。

⑧ （はんざいぼうし）□□□□。

⑨ （しょくむ）□□をまっとうする。

⑩ （ゆうかん）□□を配る。

⑪ （あつぎ）□□をする。

⑫ （ひゃくえんきんいつ）□□□□。

⑬ 商品の（かかく）□□。

⑭ （こむぎこ）□□□を並べる。

⑮ （ほうふ）□□な種類。

⑯ （しょうひぜい）□□□をふくむ。

⑰ （めんおりもの）□□□を仕入れる。

⑱ 〔（あみ）〕ものをする。

⑲ （ぬの）□を切る。

⑳ （りょうしゅうしょ）□□□をもらう。

㉑ （きょうみ）□□がわく。

㉒ （げいじゅつ）□□にふれる。

㉓ （こせいてき）□□□な作品。

㉔ （ひょうばん）□□を聞く。

㉕ （はんが）□□をほる。

㉖ （はんがく）□□の（べんとう）□□。

㉗ （えいせい）□□管理をする。

㉘ 手を（しょうどく）□□する。

㉙ （せいけつ）□□に保つ。

㉚ （せっきゃく）□□の仕事。

筆者の考えを読み取り、テーマについて考えを述べ合おう

基本のワーク

「考える」とは 使える言葉にするために

◆「読み方」の赤い字は教科書で使われている読みです。●はまちがえやすい漢字です。

教科書 205〜216ページ

勉強した日 月 日

206ページ

劇 りっとう

読み方 ゲキ

使い方 演劇（えんげき）・劇場（げきじょう）・劇団（げきだん）

15画

漢字の意味。
「劇」には、「げき」「しばい」の意味の他に、「はげしい」という意味があるよ。
例 劇的・劇薬

206ページ

将 すん

読み方 ショウ

使い方 将来（しょうらい）・将軍（しょうぐん）

10画

216ページ

皇 しろ

読み方 コウ・オウ

使い方 皇居（こうきょ）・皇室（こうしつ）・天皇（てんのう）・皇子（おうじ）

9画

読み方に注意。
「天皇」という言葉は、「テンオウ」ではなく、「テンノウ」と、「皇（オウ）」の読み方を変化させて読むよ。

216ページ

后 くち

読み方 コウ

使い方 皇后（こうごう）・皇太后（こうたいごう）

6画

筆順 1 2 3 4 5 まちがえやすいところ…★

216ページ

陛 こざとへん

読み方
ヘイ

使い方
陛下（へいか）・国王陛下（こくおうへいか）
天皇陛下（てんのうへいか）

10画

覚えよう！

「陛」を使った言葉。

「陛下」は、天皇や皇后などを敬って呼ぶときに付ける言葉。
いっぱんの人を敬って呼ぶときには、「様」や「氏」などを付けるよ。

216ページ

憲
立てる
はねる
×四
はねる

憲 こころ

読み方
ケン

使い方
憲法（けんぽう）・憲章（けんしょう）

16画

でき方

漢字のでき方。

憲
害…「おさえつけるもの」を表す。
罒 心…「め」と「こころ」を表す。
目や心の勝手な動きをおさえる「決まり」や「おきて」という意味を表すよ。

216ページ

党
はねる

党 にんにょう ひとあし

読み方
トウ

使い方
政党（せいとう）・党派（とうは）・野党（やとう）

10画

注意！

漢字の形に注意。

党
「⺌」の部分を「⺍」と書かないようにしよう。
真ん中の縦棒から書くよ。

216ページ

閣
はらう
とめる
はねる

閣 もんがまえ

読み方
カク

使い方
内閣（ないかく）・天守閣（てんしゅかく）

14画

注意！

形の似ている漢字。

閣（カク） 例 閣議・内閣・天守閣
間（カン・ケン／あいだ・ま） 例 期間・空間・中間
関（カン／せき／かか-わる） 例 関係・関心・難関

216ページ

革 かわへん つくりがわ

読み方
カク
（かわ）

使い方
改革（かいかく）・革新（かくしん）・革命（かくめい）

9画

216ページ

宗 うかんむり

読み方
シュウ・（ソウ）
―

使い方
宗教（しゅうきょう）・宗派（しゅうは）

8画

漢字のでき方。
宗　宀…「家」を表す。
示…「神への供え物をのせる台」を表す。
神を祭る建物を表し、「神や仏の教え」「祖先・本家」という意味を表すよ。

でき方

216ページ

垂 つち

つき出す

読み方
スイ
たれる・たらす

使い方
垂直（すいちょく）・垂れ（た）下がる
ロープを垂（た）らす

8画

216ページ

層 しかばね かばね

はらう

読み方
ソウ
―

使い方
地層（ちそう）・高層（こうそう）
空気の層（そう）

14画

216ページ

磁 いしへん

小さく

読み方
ジ
―

使い方
磁石（じしゃく）・磁力（じりょく）

14画

漢字の意味。
「磁」には、いろいろな意味があるよ。
①鉄を引きつける性質。　例 磁石（しゃく）・磁力
②焼き物。　例 磁器・青磁

漢字の意味

読み方が新しい漢字

216ページ
石（シャク）
磁石（じしゃく）

ものしりメモ
「革」には、「(けものの)かわ」という意味があるよ。「皮」にも似た意味があるけれど、「革」は「なめしたかわ」、「皮」は「天然のかわ」を意味するというちがいがあるんだ。

練習のワーク

「考える」とは　使える言葉にするために

教科書 205～216ページ
答え 7ページ

勉強した日　月　日

1 新しい漢字を読みましょう。

① 205ページ 演劇（　）サークル。
② 将来（　）について考える。
③ 215ページ 日本の天皇（　）。
④ 皇后（　）のお言葉。
⑤ 陛下（　）のご公務。
⑥ 憲法（　）を制定する。
⑦ 新しい政党（　）。
⑧ 内閣（　）の支持率が上がる。
⑨ 改革（　）を進める。
⑩ 宗教（　）の教え。
⑪ 垂直（　）に交わる線。
⑫ 古い地層（　）を調べる。
⑬ 磁石（　）に引きつけられる。
✿⑭ ここから発展 糸を垂（　）らす。

2 新しい漢字を書きましょう。

① 205ページ □□（えんげき）を学ぶ。
② □□（しょうらい）を思い描（えが）く。
③ 215ページ □□（てんのう）ご一家。

✿の漢字は新出漢字の別の読み方です。

④ こうごう　の位につく。

⑤ へいか　が帰国される。

⑥ けんぽう　の条文を読む。

⑦ せいとう　の数が増える。

⑧ ないかく　総理大臣になる。

⑨ かいかく　が始まる。

⑩ しゅうきょう　の歴史。

⑪ すいちょく　な線を引く。

⑫ ちそう　のでき方。

⑬ じしゃく　を使った実験。

3 漢字で書きましょう。（〜〜は、送り仮名も書きましょう。太字は、この回で習った漢字を使った言葉です。）

❶ **えんげき**のみちをこころざす。

❷ **てんのうへいか**がしゅっせきされる。

❸ **けんぽう**のかいせいをもとめる。

❹ **ないかく**が**かいかく**をしきする。

❺ はしらを**すいちょく**にたてる。

❻ **じしゃく**でさてつをあつめる。

基本のワーク

大切にしたい言葉　今、私は、ぼくは

教科書 221～230ページ

勉強した日　月　日

◆「読み方」の赤い字は教科書で使われている読みです。●はまちがえやすい漢字です。

222ページ

操（てへん　操）16画
少し大きく・はらう・はねる・とめる

読み方：ソウ　（みさお）（あやつる）

使い方：体操（たいそう）・操作（そうさ）・操縦（そうじゅう）

222ページ

補（ころもへん　補）12画
わすれない・あける・とめる・はねる

読み方：ホ　おぎなう

使い方：立候補（りっこうほ）・補強（ほきょう）　欠員を補う（おぎなう）

224ページ

担（てへん　担）8画
×且・長く・はねる

読み方：タン　（かつぐ）（になう）

使い方：担当（たんとう）・担任（たんにん）・分担（ぶんたん）

225ページ

姿（おんな　姿）9画
はねる・はらう・少し出す・とめる・長く・ことしない

読み方：シ　すがた

使い方：姿勢（しせい）・容姿（ようし）　姿（すがた）が見える

228ページ

討（ごんべん　討）10画
あける・はねる

読み方：トウ　（うつ）

使い方：検討（けんとう）・討論（とうろん）

228ページ

専（すん　専）9画
長く・はねる

読み方：セン　（もっぱら）

使い方：専属（せんぞく）・専用（せんよう）・専門家（せんもんか）

筆順 1 2 3 4 5　まちがえやすいところ…★

書き表し方を工夫して、経験と考えを伝えよう／資料を使って、みりょく的なスピーチをしよう

練習のワーク

大切にしたい言葉
今、私は、ぼくは

教科書 221〜230ページ　答え 7ページ

勉強した日　月　日

1 新しい漢字を読みましょう。

1（221ページ） 体操（　　）の大会。

2 児童会への立候補（　　）。

3 せりふの多い役を担当（　　）する。

4 練習する姿（　　）。

5（226ページ） 資料の見せ方を検討（　　）する。

6 専属（　　）の管理栄養士。

ここから発展

✿7 説明を補（　　）う。

✿8 姿勢（　　）を正す。

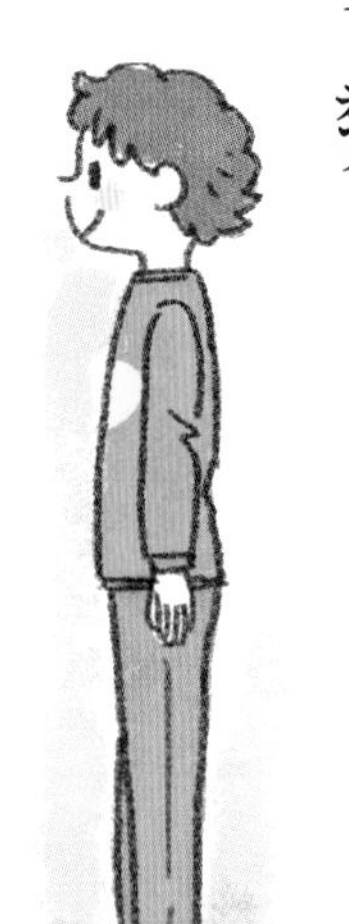

2 新しい漢字を書きましょう。

1（221ページ） 準備［たいそう］をする。

2 会長に［りっこうほ］する。

3 司会を［たんとう］する。

4 ［すがた］を鏡に映す。

5（226ページ） 問題の改善を［けんとう］する。

6 ［せんぞく］の通訳をつける。

ここから発展

✿7 足りない栄養を［おぎな］う。

✿8 ［しせい］を良くする。

✿の漢字は新出漢字の別の読み方です。

基本のワーク

海の命
漢字の広場⑥

教科書 231〜247ページ

勉強した日　月　日

◆「読み方」の赤い字は教科書で使われている読みです。はまちがえやすい漢字です。

海の命

潮（232ページ）さんずい 15画
読み方：チョウ／しお
使い方：風潮（ふうちょう）・満潮（まんちょう）／潮（しお）が満ちる・潮風（しおかぜ）

針（235ページ）かねへん 10画
読み方：シン／はり
使い方：秒針（びょうしん）・方針（ほうしん）／つり針（ばり）・時計の針（はり）

穴（240ページ）あな 5画
読み方：（ケツ）／あな
使い方：穴（あな）に入る・ほら穴（あな）

灰（241ページ）ひ 6画
読み方：（カイ）／はい
使い方：灰色（はいいろ）・灰皿（はいざら）・火山灰（かざんばい）

奮（241ページ）だい 16画
読み方：フン／ふるう
使い方：興奮（こうふん）・奮発（ふんぱつ）／気力を奮（ふる）う

済（243ページ）さんずい 11画
読み方：サイ／すむ・すます
使い方：救済（きゅうさい）・経済（けいざい）／仕事が済（す）む

練習のワーク

海の命
漢字の広場⑥

教科書 231～247ページ　答え 7ページ

勉強した日　月　日

1 新しい漢字を読みましょう。

① 231ページ （　）潮の流れが速い。
② つり（　）針にかける。
③ （　）穴のおく。
④ （　）灰色のくちびる。
⑤ まぼろしの魚に（　）興奮する。
⑥ やらなくて（　）済む。
✿⑦ ここから発展 （　）満潮が近づく。
✿⑧ （　）方針を決める。
✿⑨ 勇気を（　）奮う。
✿⑩ （　）経済新聞を読む。

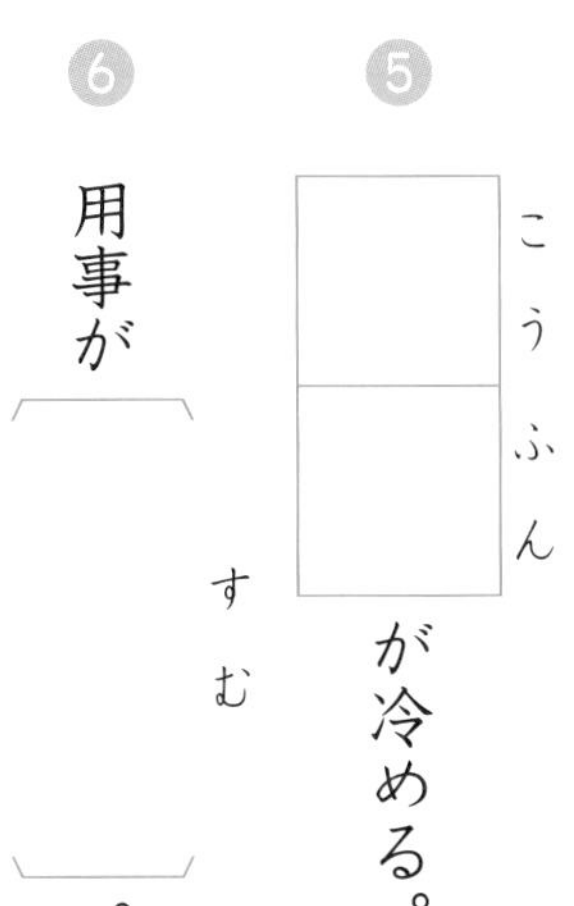

2 新しい漢字を書きましょう。〔　〕は、送り仮名も書きましょう。

① 231ページ □（しお）の満ち引き。
② つり□（ばり）を買う。
③ ドリルで□（あな）を開ける。
④ □□（はいいろ）のかばん。
⑤ □□（こうふん）が冷める。
⑥ 用事が〔　　〕（すむ）。

✿の漢字は新出漢字の別の読み方です。

ここから発展

*⑦ （まんちょう）□□になる。

*⑧ （ほうしん）□□に従う。

*⑨ 熱弁を（ふる）□う。

*⑩ 日本の（けいざい）□□。

3 漢字で書きましょう。（〜〜は、送り仮名も書きましょう。太字は、この回で習った漢字を使った言葉です。）

① **しお**がみちる じこくをしらべる。

② さいてきなつり**ばり**をえらぶ。

③ すなばで**あな**をほる。

④ **はいいろ**のようふくをかう。

⑤ ぎゃくてんしょうりに**こうふん**する。

⑥ しょるいのていしゅつがすむ。

4 漢字の広場　五年生でならった漢字を書きましょう。

① （さくら）□がさく。

② （こうしゃ）□□の周りの木。

③ 読書を（しゅうかん）□□づける。

④ サッカー部に（しょぞく）□□する。

⑤ （とくい）□□なスポーツ。

⑥ （きほん）□□から学ぶ。

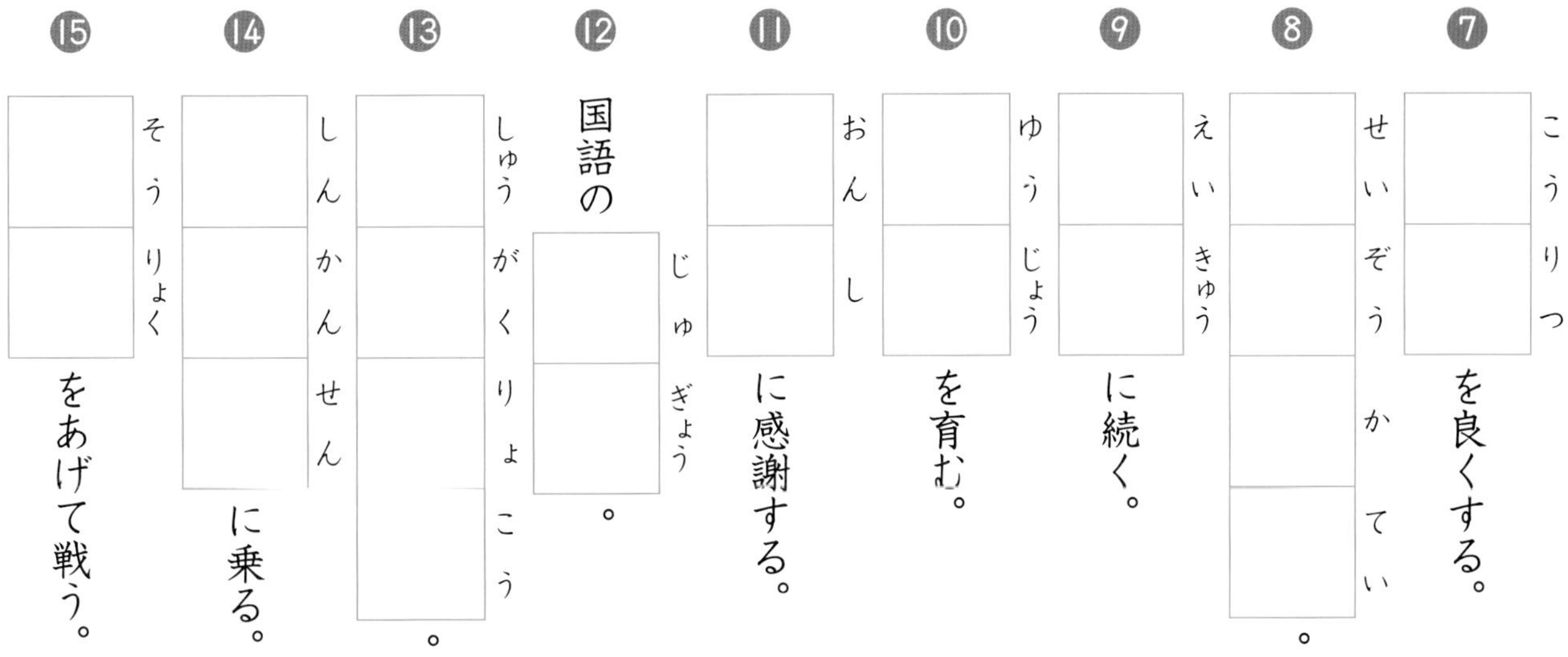
⑦ こうりつ を良くする。
⑧ せいぞうかてい 。
⑨ えいきゅう に続く。
⑩ ゆうじょう を育む。
⑪ おんし に感謝する。
⑫ 国語の じゅぎょう 。
⑬ しゅうがくりょこう 。
⑭ しんかんせん に乗る。
⑮ そうりょく をあげて戦う。

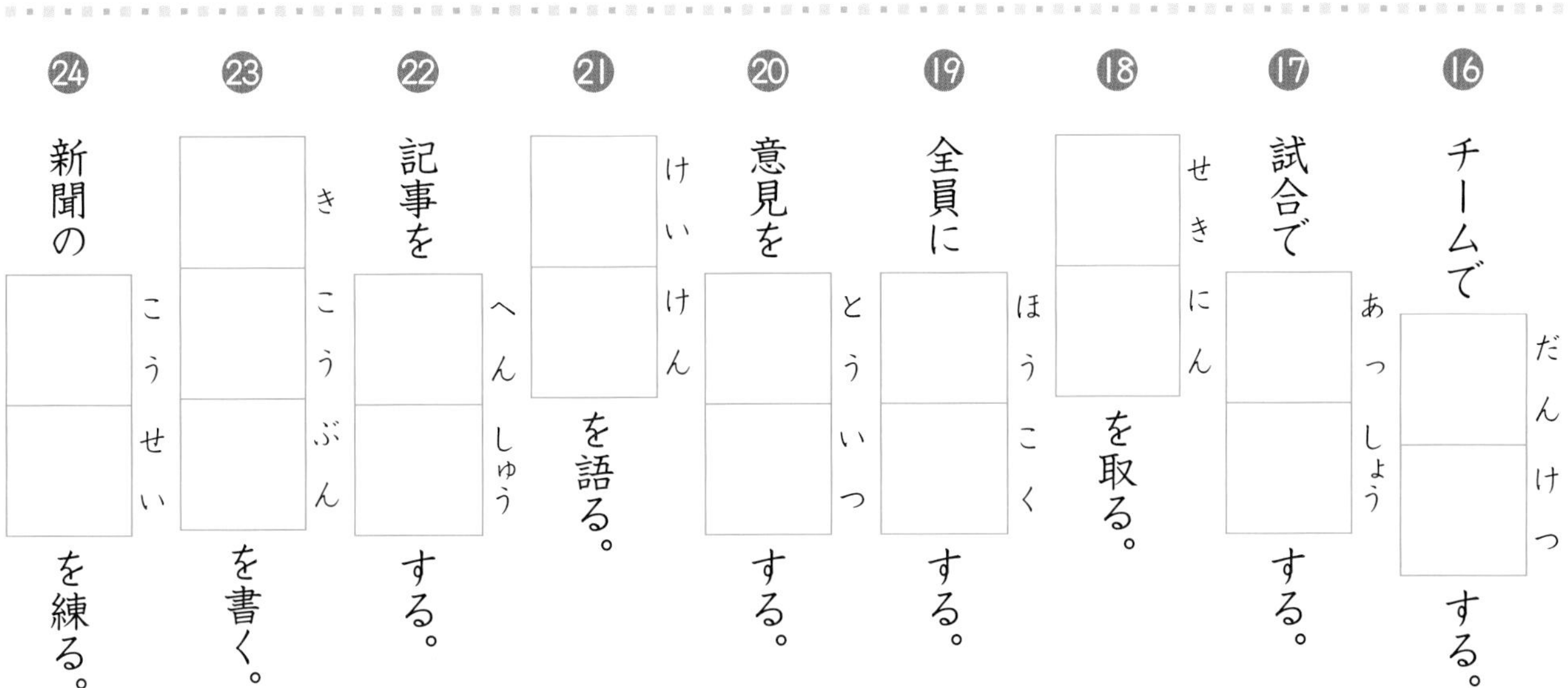
⑯ チームで だんけつ する。
⑰ 試合で あっしょう する。
⑱ せきにん を取る。
⑲ 全員に ほうこく する。
⑳ 意見を とういつ する。
㉑ けいけん を語る。
㉒ 記事を へんしゅう する。
㉓ きこうぶん を書く。
㉔ 新聞の こうせい を練る。

㉕ 学校の こうどう にあつまる。
㉖ ざいこうせい の席。
㉗ たいし をいだく。
㉘ そつぎょうしょうしょ 。

6年 仕上げのテスト①

答え 8ページ

時間 20分

得点 /100点

勉強した日 月 日

1 ——線の漢字の読み方を書きましょう。 一つ2(28点)

① 朗読（　　）を聞いて胸（　　）を打たれる。

② 皇后（　　）が演劇（　　）を楽しまれる。

③ 天皇（　　）から内閣（　　）総理大臣が任命される。

④ 体操（　　）選手の専属（　　）コーチを務める。

⑤ 会長への立候補（　　）を検討（　　）する。

⑥ つり針（　　）が魚にかかって興奮（　　）する。

⑦ かべの穴（　　）から灰色（　　）のねずみが出てくる。

2 □は漢字を、（　）は漢字と送り仮名（がな）を書きましょう。 一つ2(28点)

① □（かた）仮名の名前。

② □□（しょうらい）の夢。

③ 国王□□（へいか）。

④ 日本の□□（けんぽう）。

⑤ □□（せいとう）の代表。

⑥ 制度の□□（かいかく）。

⑦ 世界の□□（しゅうきょう）。

⑧ □□（すいちょく）な線。

⑨ □□（ちそう）がずれる。

⑩ 方位□□（じしゃく）。

⑪ □□（たんとう）を決める。

⑫ 元気な□（すがた）を見せる。

⑬ □（しお）が満ちる。

⑭ 宿題が（　　）（すむ）。

3 送り仮名がまちがっているものに、〇をつけましょう。 一つ2(8点)

① ア( )補なう イ( )従う
　 ウ( )奮う エ( )疑う

② ア( )認める イ( )並べる
　 ウ( )至たる エ( )訪ねる

③ ア( )染める イ( )誤まる
　 ウ( )捨てる エ( )退ける

④ ア( )危ない イ( )難しい
　 ウ( )激しい エ( )尊とい

4 次の漢字の部首名を、( )に書きましょう。 一つ2(4点)

① 胸( )　② 灰( )

5 次の漢字の部分には、それぞれ同じ部首が付きます。□にその部首を書きましょう。 一つ2(8点)

① 示 亘 由…□　② 圭 夅 章…□

③ 表 共 非…□　④ 延 者 成…□

6 次の文からまちがって使われている漢字を探して×をつけ、正しい漢字を□に書きましょう。 一つ2(12点)

① 美術館に多くの作品が所職されている。

② すぐれた頭能をもつ若者が集結する。

③ 衆議院選挙を前に堂首が会談する。

④ インターネットの署作権について調べる。

⑤ 価置のある勝利を収める。

⑥ 寒さへの対作を忘れないでおく。

□ □ □ □ □ □

7 次の言葉と似た意味の言葉になるように、□にあてはまる漢字を書きましょう。 一つ3(12点)

① 自分＝自□

② 故郷＝郷□

③ 異議＝異□

④ 苦難＝□難

6年 仕上げのテスト②

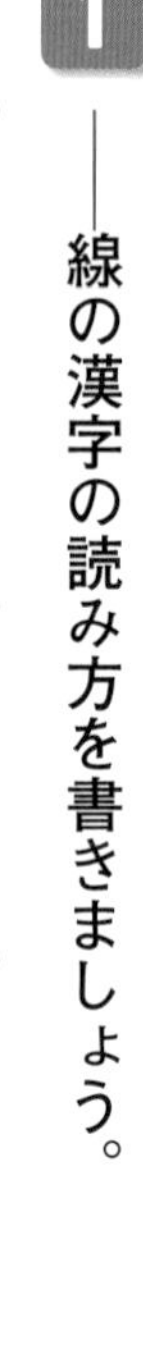

1 ――線の漢字の読み方を書きましょう。 一つ1（14点）

① <u>我々</u>（　　）国民の意見に国が<u>対処</u>（　　）する。

② <u>机</u>（　　）にある時計で<u>時刻</u>（　　）を確かめる。

③ <u>宇宙</u>（　　）の本を<u>三冊</u>（　　）借りる。

④ <u>推定</u>（　　）百年前の<u>貴重</u>（　　）な資料を見る。

⑤ <u>山頂</u>（　　）から下りて<u>温泉</u>（　　）に入る。

⑥ <u>国宝</u>（　　）の公開で<u>盛</u>（　　）り上がる。

⑦ 親を<u>敬</u>（　　）う気持ちで<u>孝行</u>（　　）に努める。

2 □は漢字を、（　）は漢字と送り仮名（がな）を書きましょう。 一つ2（28点）

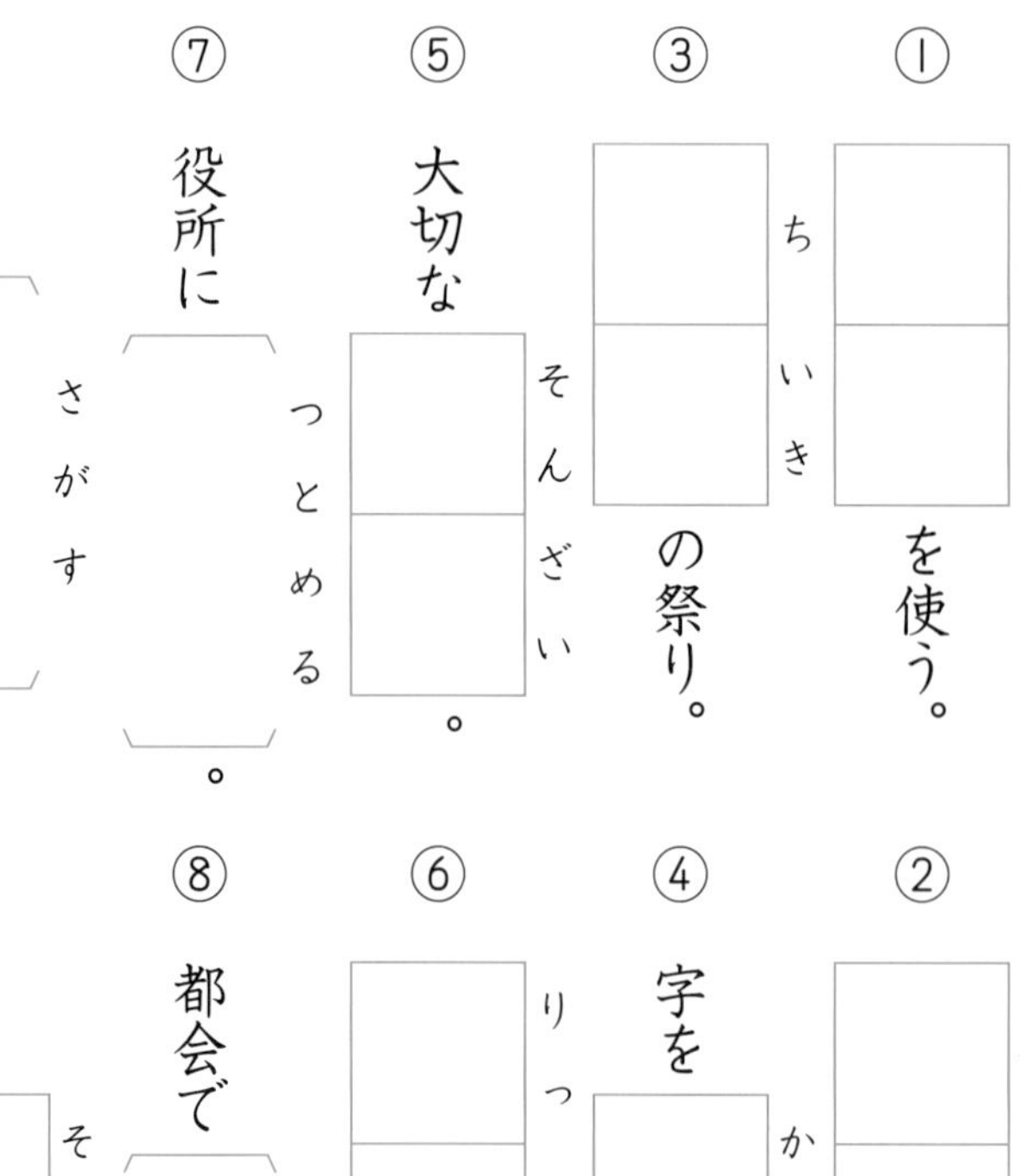

① □□（かいだん）を使う。

② □□（せなか）をおす。

③ □□（ちいき）の祭り。

④ 字を□□（かくだい）する。

⑤ 大切な□□（そんざい）。

⑥ □□（りっぱ）な行い。

⑦ 役所に（　　）（つとめる）。

⑧ 都会で（　　）（くらす）。

⑨ 席を（　　）（さがす）。

⑩ 安全□□（そうち）。

⑪ 荷物を（　　）（とどける）。

⑫ 厳しい□□（ひひょう）。

⑬ □□（さとう）を買う。

⑭ □（あな）をほる。

答え 8ページ

時間 20分

得点 /100点

勉強した日 月 日

3 ――線の言葉を、漢字と送り仮名で書きましょう。 一つ1（3点）

① おさない妹を連れる。

② 野菜を水であらう。

③ 手を合わせておがむ。

4 次の漢字の部首名を（　）に書き、何に関係のある部首かをア～オから選んで、□に記号で答えましょう。 一つ1（8点）

① 肺（　　）□

② 源（　　）□

③ 痛（　　）□

④ 割（　　）□

ア 体　イ 刀・切ること　ウ 水
エ 病気　オ 人間

5 形が似ていて同じ音読みをする漢字を、□に書きましょう。 一つ1（6点）

① フク
1 授業の□習をする。
2 □痛に苦しむ。

② キュウ
1 同□生と遊ぶ。
2 ゆっくり呼□する。

③ シ
1 □育係になる。
2 歌□を覚える。

6 次の言葉と反対の意味の言葉を、□に漢字で書きましょう。 一つ1（4点）

① 表 ↕ □

② 延長 ↕ □□

③ 横 ↕ □

④ 複雑 ↕ 単□

7 次の熟語のうち、成り立ちが他と異なるものを一つ選び、記号で答えましょう。 一つ1（3点）

① ア 翌日 イ 自宅 ウ 字幕 エ 善悪 （　　）

② ア 秘密 イ 樹木 ウ 温暖 エ 恩人 （　　）

③ ア 家賃 イ 就任 ウ 閉会 エ 養蚕 （　　）

8 □にあてはまる漢字を[　]から選んで書き、三字の熟語を作りましょう。 一つ1（4点）

① 選挙□　② 乗車□

③ 生態□　④ 消防□

[庁　誌　権　巻　系　券]

9 □にあてはまる漢字を書いて、四字熟語を完成させましょう。 一つ2（8点）

① □機応変　② 大器□成

③ 一進一□　④ 一心不□

10 次の同じ読み方をする言葉を、漢字と送り仮名（がな）で書きましょう。 一つ2（14点）

① うつす
1 水面に顔を（　　）。
2 カメラで花を（　　）。
3 机の場所を（　　）。

② おさめる
1 税金を（　　）。
2 成功を（　　）。
3 国家を（　　）。
4 学業を（　　）。

11 次の同じ読み方をする言葉を、漢字で書きましょう。 一つ2（8点）

① ケントウ
1 実験の方法を□□する。
2 正解の□□をつける。

② ソウゾウ
1 未来の自分を□□する。
2 天地□□の物語。

教科書ワーク

答えとてびき

「答えとてびき」は、とりはずすことができます。

光村図書版 漢字6年

使い方

まちがえた問題は確実に書けるまで、くり返し書いて練習することが大切です。この本で、教科書に出てくる漢字の使い方を覚えて、漢字の力を身につけましょう。

●教科書 国語六 創造

帰り道

5～7ページ 練習のワーク

❶ ①してん ②すな ③はら ④かいだん ⑤なら ⑥ふ ⑦みと ⑧あら ⑨いぶつ ⑩たんじゅん ⑪はんしゃ ⑫せなか ⑬す ⑭した ⑮らんだ ⑯さてつ ⑰ちゅうふく ⑱なみ ⑲いこう ⑳お ㉑せんめんじょ ㉒こと ㉓い ㉔はいけい ㉕せいくら ㉖しゅしゃ ㉗みだ

❷ ①視点 ②砂 ③腹 ④階段 ⑤並べる ⑥降る ⑦認める ⑧洗い ⑨異物 ⑩単純 ⑪反射 ⑫背中 ⑬捨てる ⑭舌 ⑮乱打 ⑯砂鉄 ⑰中腹 ⑱並 ⑲以降 ⑳降 ㉑洗面所 ㉒異 ㉓射 ㉔背景 ㉕取捨

❸ ①物事を別の視点から見る。 ②砂ぼこりが目に入る。 ③失礼な態度に腹が立つ。 ④屋上へと続く階段。 ⑤本を順番に並べる。 ⑥音楽室の活用を認める。 ⑦単純な計算問題。 ⑧水面が光を反射する。 ⑨見事な演技に舌をまく。

公共図書館を活用しよう

10ページ 練習のワーク

❶ ①ちいき ②ざっし ③えいぞう ④かくだい ⑤てんじ ⑥しょぞう ⑦ほうもん ⑧うつ ⑨たず

❷ ①地域 ②雑誌 ③映像 ④拡大 ⑤展示 ⑥所蔵 ⑦訪問 ⑧映 ⑨訪

漢字の形と音・意味 漢字の広場①

14～17ページ 練習のワーク

❶ ①われわれ ②でんしょう ③じょうき ④さいしん ⑤たいしょ ⑥しゅうしょく ⑦りんかい ⑧したが ⑨おんじん ⑩さいばんかん ⑪ほうりつ ⑫のう ⑬しんぞう ⑭ちょう ⑮はい ⑯い ⑰じゅうぎょういん ⑱さば

❷ ①我々(我我) ②伝承 ③蒸気 ④細心 ⑤対処 ⑥就職 ⑦臨海 ⑧従う ⑨恩人 ⑩裁判官 ⑪法律 ⑫脳 ⑬心臓 ⑭腸 ⑮肺 ⑯胃 ⑰従業員 ⑱裁

3
①我々(我我)の考えを示す。
②めずらしい伝承芸能。
③やかんから熱い蒸気が出る。
④細心の注意をはらって進む。
⑤生活の変化に対処する。
⑥姉の就職を祝う。　⑦恩人に感謝する。
⑧裁判官が判決を下す。
⑨新しい法律が制定される。
⑩脳と心臓の検査をする。
⑪胃と腸の調子を整える。
⑫人間の肺の機能。

4
①桜　②句会　③歴史　④仏像　⑤山脈
⑥文化財　⑦保護　⑧復旧　⑨禁止
⑩改築　⑪事故　⑫原因　⑬検証　⑭耕す
⑮肥料　⑯防災　⑰燃える　⑱新婦
⑲囲む　⑳停車　㉑入居　㉒団地　㉓往復
㉔県境　㉕航海　㉖寄港　㉗河口　㉘水質
㉙調査

笑うから楽しい 時計の時間と心の時間

20・21ページ　練習のワーク

1
①わたし(わたくし)　②みっせつ　③よ
④こきゅう　⑤そんざい　⑥じこく
⑦げき　⑧かんたん　⑨つくえ　⑩むずか
⑪ぎもん　⑫しご　⑬す　⑭ほぞん
⑮きざ　⑯はげ　⑰なんもん　⑱うたが

2
①私　②密接　③呼び　④呼吸　⑤存在
⑥時刻　⑦激　⑧簡単　⑨机　⑩難しい
⑪疑問　⑫私語　⑬吸　⑭保存　⑮難問

3
①私は疑問に思う。
②呼吸が乱れるのを防ぐ。
③正しい時刻を伝える。
④仲間からし激を受ける。
⑤机を簡単に組み立てる。
⑥難しい質問に答える。

文の組み立て

24・25ページ　練習のワーク

1
①けんばいき　②こしょう　③りっぱ
④けいさつしょ　⑤せんとう　⑥つと
⑦しょがいこく　⑧ていきょう
⑨しゅうのう　⑩にまい　⑪そ
⑫せんげん　⑬きんむ　⑭そな　⑮とも
⑯おさ　⑰おさ

2
①券売機　②故障　③立派　④警察署
⑤銭湯　⑥勤める　⑦諸外国　⑧提供
⑨収納　⑩二枚　⑪染める　⑫宣言
⑬勤務　⑭供える　⑮納める

3
①駅の券売機が故障する。
②立派な医師になると宣言する。
③警察署に勤める。
④諸外国を訪問する。
⑤映像を提供する。
⑥二枚の布を染める。

たのしみは 天地の文

27ページ　練習のワーク

1
①く　②さが　③せいざ　④おさな
⑤たんけん　⑥ようじ

2
①暮らし　②探す　③星座　④幼い
⑤幼児

3
①豊かな暮らしについて考える。
②幼いころの写真を探す。
③夏の星座を観察する。

デジタル機器と私たち

29ページ　練習のワーク

1
①ちょさくけん　②そんちょう
③しょうぼうちょう　④とうと(たっと)

2
①著作権　②尊重　③消防庁

3
①著作権について調べる。
②妹の考えを尊重する。
③消防庁の訓練。

私と本
星空を届けたい

33～35ページ 練習のワーク

❶ ①そうち ②とど ③そ ④さんさつ
⑤うちゅう ⑥はいく ⑦なん ⑧ご
⑨じまく ⑩まいばん ⑪もけい ⑫まど
⑬の ⑭ぎろん ⑮えんがん ⑯あやま
⑰ばくふ ⑱きぼ ⑲どうそうかい
⑳えんちょう

❷ ①装置 ②届ける ③沿う ④三冊
⑤宇宙 ⑥俳句 ⑦男 ⑧誤 ⑨字幕
⑩毎晩 ⑪模型 ⑫窓 ⑬延ばす ⑭議論
⑮沿岸 ⑯誤 ⑰幕府 ⑱規模 ⑲同窓会
⑳延長

❸ ①便利な装置を発明する。
②配達員が荷物を届ける。
③線路に沿うように菜の花がさく。
④小説を三冊借りる。
⑤宇宙旅行を夢見る。
⑥俳句に季語を入れる。
⑦試行さく誤して完成させる。
⑧映画の字幕を目で追う。
⑨毎晩月を観察する。
⑩蒸気機関車の模型を買う。
⑪電車の窓からの風景。
⑫旅行の日程を延ばす。
⑬熱い議論の末に決まる。

夏休み まとめのテスト

36・37ページ まとめのテスト❶

1 ①すな・あら ②ざっし・す
③ちいき・ほうもん
④えいぞう・かくだい
⑤われわれ・でんしょう
⑥さいしん・たいしょ
⑦さいばんかん・したが

2 ①視点 ②腹 ③階段 ④降る ⑤認める
⑥単純 ⑦反射 ⑧背中 ⑨舌 ⑩展示
⑪蒸気 ⑫就職 ⑬恩人 ⑭腸

3 ①ころも・ウ ②うかんむり・エ
③てへん・オ ④りっとう・イ
⑤ぎょうにんべん・ア

4 ①3(三) ②6(六) ③3(三)
④6(六) ⑤1(一) ⑥1(一)

5 ①1まく 2ばく ②1そん 2ぞん
③1も 2ぼ ④1い 2こと

6 ①臓・蔵 ②券・権 ③納・脳

てびき

2 ⑪「蒸」は、九画目の横棒(ぼう)をわすれないようにしましょう。

3 ⑤「律」は、「彳」(行く)と「聿」(ふで)を組み合わせてできた漢字で、行くべき道、行うべき決まりを書き記すことから、「決まり・定め」などの意味を表します。

4 ④「廴」(えんにょう)は、「辶」(しんにょう・しんにゅう)と同じように最後に書きます。

5 ④1は音読み、2は訓読みです。

38・39ページ まとめのテスト❷

1 ①じこく・よ ②つくえ・かんたん
③けんばいき・にまい ④せいざ・さが
⑤ちょさくけん・そんちょう
⑥そ・はいく ⑦まいばん・うちゅう

2 ①私 ②激 ③疑問 ④故障 ⑤警察署
⑥銭湯 ⑦染める ⑧宣言 ⑨暮らし
⑩幼い ⑪消防庁 ⑫届ける ⑬窓
⑭議論

3 ①難しい ②乱れる

4 1務める 2勤める 3努める

5 ①背・胃 ②腹・脳・肺・腸
③諸・訪・誌・認

6 ①9(九) ②6(六) ③14(十四)
④9(九)

7 ①密接 ②提供 ③所蔵 ④伝承 ⑤対処

てびき

2 ⑩「幼い」を「幼ない」などとしないようにしましょう。

4 1「務める」は「任務」、2「勤める」は「通勤」、3「努める」は「努力」などと、熟語にして考えましょう。

5 ①②どの漢字も体の部分を表しています。部首は「月・⺼」(にくづき)です。

6 ②「吸」の「及」の部分は、続けて一画で書くことに注意しましょう。

7 ⑤「処」には、「とりはからう」という意味があります。それぞれの漢字がもつ意味を考えて、熟語を作りましょう。

せんねん　まんねん／名づけられた葉　インターネットでニュースを読もう　文章を推敲しよう／漢字の広場②

42～44ページ　練習のワーク

1 ①じゅえき　②らん　③ねあ　④しげん　⑤はいたい　⑥きび　⑦はいゆう　⑧すいてい　⑨きちょう　⑩たいさく　⑪かち　⑫みなもと　⑬しりぞ　⑭げんしゅ

2 ①樹液　②覧　③値　④資源　⑤敗退　⑥厳しい　⑦俳優　⑧推定　⑨貴重　⑩対策　⑪価値　⑫源　⑬退　⑭厳守

3 ①樹液を集める。②図書館で雑誌をえつ覧する。③小麦粉の値が上がる。④貴重な資源を守る。⑤決勝戦で敗退する。⑥厳しい条件を出す。⑦俳優が映画に出演する。⑧化石の年代を推定する。⑨ごみ問題の対策を練る。

4 ①許可　②条件　③可能　④断る　⑤混雑　⑥大勢　⑦祖父　⑧減らす　⑨増やす　⑩順序　⑪仮面　⑫銅像　⑬支える　⑭酸味　⑮似顔絵　⑯余る　⑰比べる　⑱容器　⑲留める　⑳規則　㉑略図　㉒確かめる　㉓貸し

やまなし／イーハトーヴの夢　漢字の広場③

47～49ページ　練習のワーク

1 ①ちぢ　②ぼう　③じゅく　④じゃく　⑤すんぽう　⑥しきしゃ　⑦いた　⑧ひひょう　⑨きず　⑩わかもの　⑪と　⑫いしょ　⑬よくじつ　⑭しゅくしょう　⑮ずつう

2 ①縮む　②棒　③熟　④尺　⑤寸法　⑥指揮者　⑦痛み　⑧批評　⑨傷　⑩若者　⑪閉じる　⑫遺書　⑬翌日　⑭縮小　⑮頭痛

3 ①タイムが去年よりも縮む。②かね尺で寸法を測る。③合唱の指揮者を決める。④厳しい批評に傷つく。⑤若者の代表となる。⑥辞書を閉じる。

4 ①招待状　②飼う　③現れる　④移動　⑤快適　⑥気象　⑦非常事態　⑧暴風雨　⑨墓場　⑩破損　⑪独り　⑫殺風景　⑬迷う　⑭限界　⑮険しい　⑯枝　⑰夢　⑱絶望　⑲正義　⑳感謝　㉑救助　㉒質問　㉓博識　㉔再会　㉕喜ぶ　㉖久し

熟語の成り立ち

53～55ページ　練習のワーク

1 ①じゅうおう　②さんちょう　③せんがん　④ちゅうせい　⑤きょうてき　⑥ようさん　⑦ぎょくせき　⑧じこ　⑨じょせつ　⑩くらく　⑪じんあい　⑫おんせん　⑬うらにわ　⑭ぎんがけい　⑮かめいこく　⑯いよくてき　⑰かくいつてき　⑱かぶしきがいしゃ　⑲たて　⑳いただ　㉑いずみ

2 ①縦横　②山頂　③洗顔　④忠誠　⑤強敵

⑥養蚕　⑦玉石　⑧自己　⑨除雪　⑩苦楽
⑪仁愛　⑫温泉　⑬裏庭　⑭銀河系
⑮加盟国　⑯意欲的　⑰画一的
⑱株式会社　⑲縦　⑳頂　㉑泉

❸
①市街地を縦横に走る道路。
②山頂からの風景。　③毎朝洗顔をする。
④次の対戦相手は強敵だ。
⑤養蚕の仕事を学ぶ。
⑥結果に自己満足する。
⑦家の周りを除雪する。
⑧仲間と苦楽を共にする。
⑨仁愛の精神で接する。
⑩温泉旅館を予約する。
⑪裏庭で大型犬を飼う。
⑫銀河系の星を観察する。
⑬加盟国の一覧表を見る。
⑭行事に意欲的に参加する。
⑮株式会社に勤める。

みんなで楽しく過ごすために 話し言葉と書き言葉

58・59ページ 練習のワーク

❶
①かいぜんてん　②はん　③きけん
④やくわり　⑤ひていてき　⑥くちょう
⑦しきゅう　⑧きたく　⑨さとう
⑩こうちゃ　⑪たまご　⑫ぎゅうにゅう
⑬そうぎょう　⑭よ　⑮あぶ　⑯いた
⑰くちべに

❷
①改善点　②班　③危険　④役割
⑤否定的　⑥口調　⑦至急　⑧帰宅
⑨砂糖　⑩紅茶　⑪卵　⑫牛乳　⑬創業
⑭危　⑮口紅

❸
①組織の改善点を探す。
②班での役割を決める。
③危険な道をさけて帰宅する。
④至急の用事を伝える。
⑤紅茶に砂糖を入れる。
⑥卵と牛乳を混ぜる。

古典芸能の世界 狂言「柿山伏」を楽しもう

61ページ 練習のワーク

❶
①そう　②たんじょう　③こま
④かんびょう　⑤こんなん

❷
①奏　②誕生　③困る　④看病　⑤困難

❸
①合唱曲のばん奏をする。
②長男が誕生する。　③資源不足で困る。

『鳥獣戯画』を読む 発見、日本文化のみりょく

64・65ページ 練習のワーク

❶
①すじ　②も　③こっかく　④かん
⑤こくほう　⑥きょうど　⑦うやま
⑧きんにく　⑨ほね　⑩まきもの
⑪たからもの（ほうもつ）　⑫けいご

❷
①筋　②盛り　③骨格　④巻　⑤国宝
⑥郷土　⑦敬う　⑧筋肉　⑨骨　⑩巻物
⑪宝物　⑫敬語

❸
①いく筋もの光が照らす。
②茶わんにご飯を盛る。
③内臓を守る骨格。
④巻末の作品解説を読む。
⑤貴重な国宝を見る。
⑥郷土の伝統工芸。
⑦学生時代の恩師を敬う。

カンジー博士の漢字学習の秘伝 漢字の広場④

69〜71ページ 練習のワーク

❶
①ひでん　②せいか　③きぬ　④おが
⑤てっこう　⑥じゅうにんといろ
⑦しぼう　⑧うめぼ　⑨きょうり

⑩かんしゅう　⑪ゆうびん　⑫やちん
⑬こうこう　⑭よきん　⑮こくもつ
⑯こめだわら　⑰はいけん　⑱かんがい
⑲あず　⑳どひょう

2
①秘伝　②聖火　③絹　④拝む　⑤鉄鋼
⑥十人十色　⑦死亡　⑧梅干し　⑨郷里
⑩観衆　⑪郵便　⑫家賃　⑬孝行　⑭預金
⑮穀物　⑯米俵　⑰拝見　⑱預

3
①番組制作　②提案　③資料　④複数
⑤鉱物　⑥輸入　⑦貿易　⑧利益　⑨報道
⑩国際情勢　⑪解説　⑫準備　⑬測る
⑭設営　⑮指示　⑯武士　⑰貧しい
⑱指導　⑲質素　⑳妻　㉑演技　㉒正解
㉓逆転　㉔成績　㉕賞品　㉖税金　㉗主張
㉘述べる　㉙賛成　㉚政治家

ぼくのブック・ウーマン　おすすめパンフレットを作ろう

73ページ　練習のワーク

1
①やく　②わす　③だん　④さくし
⑤わけ　⑥あたた

2
①訳　②忘れる　③暖　④作詞　⑤訳
⑥暖

3
①外国の童話の訳を手がける。
②約束の時間を忘れる。
③祖母の家には暖ろがある。

冬休み　まとめのテスト

74・75ページ　まとめのテスト①

1
①きちょう・らん　②ねあ・たいさく
③きび・きず　④ぼう・すんぽう
⑤わかもの・いた　⑥きょうてき・じゅく
⑦おんせん・うらにわ

2
①樹液　②俳優　③推定　④縮む　⑤尺
⑥批評　⑦遺書　⑧山頂　⑨洗顔　⑩忠誠
⑪養蚕　⑫仁愛　⑬銀河系　⑭加盟国

3
①除く　②閉じる　③預ける

4
①1きん　2すじ　②1みなもと　2げん
③1かん　2まき　④1たから　2ほう

5
①エ　②ア　③ウ　④イ　⑤ウ　⑥イ

6
①3(三)　②7(七)

7
①危険　②縮小　③退場　④暖流

てびき

2 ⑫「仁愛」とは、「情け深い心で人を思いやること」です。

4 ③「巻」には、「カン」「ま(く)」「まき」の読み方があります。

5 ①「作詞」は「詞を作る」という意味なので、**エ**を選びます。

6 続けて書くところと分けて書くところに気をつけましょう。②「卯」は筆順にも注意しましょう。

76・77ページ　まとめのテスト②

1
①かいぜんてん・はん
②しきゅう・きたく　③たまご・さとう
④こうちゃ・ぎゅうにゅう
⑤かんびょう・こま　⑥きぬ・こくほう
⑦うめぼし・わす

2
①役割　②口調　③奏　④誕生　⑤筋
⑥盛り　⑦骨格　⑧秘伝　⑨拝む　⑩鉄鋼
⑪観衆　⑫郵便　⑬家賃　⑭米俵

3
①1暖かい　2温かい
②1作る　2造る　3創る

4
①新機能　②未完成　③指揮者
④縮小化　⑤衣食住

5
①おおざと　②みみ　③れんが(れっか)
④のぎへん

6
①ア　②イ　③ア　④イ

7
①敵　②十　③遺　④株

てびき

2 ⑨「拝」は、横棒の数に注意しましょう。⑩同じ読み方の言葉に「鉄鉱」があります。「鉄鋼」は「船や機械などをつくる鉄の材料」、「鉄鉱」は「鉄の原料となる鉱石」のことです。

4
それぞれの成り立ちは次のとおりです。
①上の語が下の語の性質・状態などを限定するもの。
②上の語が下の語を打ち消すもの。
③上の語が下の語を修飾(しょく)して、物事の名前になるもの。
④上の語に下の語が意味をそえて、様子や状態を表すもの。
⑤一字の語の集まりから成るもの。

7
②「十人十色」は、「考えや好みは人それぞれちがう」ということを表す言葉です。

79・80ページ 練習のワーク
詩を朗読してしょうかいしよう／知ってほしい、この名言／日本の文字文化／漢字の広場⑤

1 ①ろうどく ②むね ③かた ④きょうい

2 ①朗読 ②胸 ③片 ④胸囲

3 ①眼科・医師 ②効く ③採る ④血液型 ⑤貯蔵 ⑥精米 ⑦応対 ⑧犯罪防止 ⑨職務 ⑩夕刊 ⑪厚着 ⑫百円均一 ⑬価格 ⑭小麦粉 ⑮豊富 ⑯消費税 ⑰綿織物 ⑱編み ⑲布 ⑳領収書 ㉑興味 ㉒芸術 ㉓個性的 ㉔評判 ㉕版画 ㉖半額・弁当 ㉗衛生 ㉘消毒 ㉙清潔 ㉚接客

84・85ページ 練習のワーク
「考える」とは／使える言葉にするために

1 ①えんげき ②しょうらい ③てんのう ④こうごう ⑤へいか ⑥けんぽう ⑦せいとう ⑧ないかく ⑨かいかく ⑩しゅうきょう ⑪すいちょく ⑫ちそう ⑬じしゃく ⑭た

2 ①演劇 ②将来 ③天皇 ④皇后 ⑤陛下 ⑥憲法 ⑦政党 ⑧内閣 ⑨改革 ⑩宗教 ⑪垂直 ⑫地層 ⑬磁石

3 ①演劇の道を志す。 ②天皇陛下が出席される。 ③憲法の改正を求める。 ④内閣が改革を指揮する。 ⑤柱を垂直に立てる。 ⑥磁石で砂鉄を集める。

87ページ 練習のワーク
大切にしたい言葉／今、私は、ぼくは

1 ①たいそう ②りっこうほ ③たんとう ④すがた ⑤けんとう ⑥せんぞく ⑦おぎな ⑧しせい

2 ①体操 ②立候補 ③担当 ④姿 ⑤検討 ⑥専属 ⑦補 ⑧姿勢

89〜91ページ 練習のワーク
海の命／漢字の広場⑥

1 ①しお ②ばり ③あな ④はいいろ ⑤こうふん ⑥す ⑦まんちょう ⑧ほうしん ⑨ふる ⑩けいざい

2 ①潮 ②針 ③穴 ④灰色 ⑤興奮 ⑥済む ⑦満潮 ⑧方針 ⑨奮 ⑩経済

3 ①潮が満ちる時刻を調べる。 ②最適なつり針を選ぶ。 ③砂場で穴をほる。 ④灰色の洋服を買う。 ⑤逆転勝利に興奮する。 ⑥書類の提出が済む。

4 ①桜 ②校舎 ③習慣 ④所属 ⑤得意 ⑥基本 ⑦効率 ⑧製造過程 ⑨永久 ⑩友情 ⑪恩師 ⑫授業 ⑬修学旅行 ⑭新幹線 ⑮総力 ⑯団結 ⑰圧勝 ⑱責任 ⑲報告 ⑳統一 ㉑経験 ㉒編集 ㉓紀行文 ㉔構成 ㉕講堂 ㉖在校生 ㉗大志 ㉘卒業証書

92・93ページ　仕上げのテスト❶

1 ①ろうどく・むね　②こうごう・えんげき
③てんのう・ないかく
④たいそう・せんぞく
⑤りっこうほ・けんとう
⑥ばり・こうふん　⑦あな・はいいろ

2 ①片　②将来　③陛下　④憲法　⑤政党
⑥改革　⑦宗教　⑧垂直　⑨地層　⑩磁石
⑪担当　⑫姿　⑬潮　⑭済む

3 ①ア　②ウ　③イ　④エ

4 ①にくづき　②ひ

5 ①宀　②阝　③亻　④言

6 ①×臓→蔵　②×能→脳　③×堂→党
④×署→著　⑤×置→値　⑥×作→策

7 ①己(身)　②里(土)　③論　④困

てびき

1 ③「皇」は、前に付く漢字によって「オウ」から「ノウ」へと読み方が変化します。

2 ⑬同じ読み方の「塩」とまちがえないようにしましょう。

3 正しくは、①ア「補う」、②ウ「至る」、③イ「誤る」、④エ「尊い」です。

4 ②「灰」の部首は、「厂」(がんだれ)ではなく「火」(ひ)です。

7 ②「故郷」も「郷里」も「ふるさと」の意味です。

94〜96ページ　仕上げのテスト❷

1 ①われわれ・たいしょ　②つくえ・じこく
③うちゅう・さんさつ
④すいてい・きちょう
⑤さんちょう・おんせん　⑥こくほう・も
⑦うやま・こうこう

2 ①階段　②背中　③地域　④拡大　⑤存在
⑥立派　⑦勤める　⑧暮らす　⑨探す
⑩装置　⑪届ける　⑫批評　⑬砂糖　⑭穴

3 ①幼い　②洗う　③拝む

4 ①にくづき・ア　②さんずい・ウ
③やまいだれ・エ　④りっとう・イ

5 ①1復　2腹　②1級　2吸
③1飼　2詞

6 ①裏　②短縮　③縦　④純

7 ①エ　②エ　③ア

8 ①権　②券　③系　④庁

9 ①臨　②晩　③退　④乱

10 ①1映す　2写す　3移す
②1納める　2収める　3治める
4修める

11 ①1検討　2見当　②1想像　2創造

てびき

4 ④「りっとう」が部首の漢字には他に、「刻」「創」「劇」などがあります。

5 ①形が似ていて同じ音読みをする漢字には、他にも「複」があります。

7 ①エは意味が対になる漢字の組み合わせ、他は上の漢字が下の漢字を修飾する関係にある組み合わせです。
②エは上の漢字が下の漢字を修飾する関係にある組み合わせ、他は似た意味の漢字の組み合わせです。
③アは上の漢字が下の漢字を修飾する関係にある組み合わせ、他は「――を」「――に」に当たる意味の漢字が下に来る組み合わせです。

9 ②「大器晩成」は、大きなうつわは完成するまでに時間がかかることから、「すぐれた人物は年を取ってから立派になる」ということを表す言葉です。

10 ①「映す」は「水や鏡、画面などに姿や形が見えるようにする」、「写す」は「写真にとる、そのとおりに表す」、「移す」は「動かす」という意味があります。

11 ①「検討」は「よく調べて考えること」、「見当」は「大体の予想を立てること」です。

3 2 1 0 9 8 7 6 5 4
＊ ＊ D C B A